Wolfgang Maron

NRW

Ein Land
mit Geschichte

Mit Zeichnungen von Philipp von Ketteler

Aschendorff
Verlag

Kartografie und biografische Texte: Dr. Burkhard Beyer, Nina Zielinsky
Lektorat und Gestaltung: Dr. Burkhard Beyer

Das Manuskript wurde im September 2012 geschlossen.

Ich widme dieses Buch meinen Eltern, die im August 1946 nach ihrer
Vertreibung aus Schlesien als Jugendliche in das neue Land im Westen kamen.
Sie fanden in Nordrhein-Westfalen ihre zweite Heimat.
W. M.

Printed in Germany
ISBN 978-3-402-12899-2

Inhalt

Willkommen in Nordrhein-Westfalen!

Willkommen in Nordrhein-Westfalen. So steht es auf großen Schildern an der Autobahn. Nordrhein-Westfalen ist ein Land der Bundesrepublik Deutschland – so lernen es die Kinder im Sachunterricht der Grundschule. Mit rund 18 Millionen Einwohnern ist Nordrhein-Westfalen das bevölkerungsreichste Bundesland Deutschlands. Mehr als ein Fünftel aller Bundesbürger leben an Rhein, Ruhr und Weser.

Dennoch ist Nordrhein-Westfalen für viele eine unbekannte Größe. Sicherlich, wir kennen die entsprechenden Abzeichen, auf Autokennzeichen, auf Uniformen, am Eingang von manchen

1946

Behörden und Ämtern. Oft sehen wir auch die Flagge grün, weiß, rot. Aber was es mit Nordrhein-Westfalen (oder kurz NRW) wirklich auf sich hat, wissen nur wenige.

Dieses Buch möchte das Bundesland Nordrhein-Westfalen vorstellen, seine Geschichte und vor allem seine Menschen. Und da man eine Geschichte am besten am Anfang beginnt, müssen wir bis in das Jahr 1946 zurückblenden, in das Gründungsjahr des Landes.

Der britische Feldmarschall Montgomery kurz nach der Besetzung in den Straßen von Coesfeld.

Deutschlands Westen im Jahr 1946

Kriegsende

Nordrhein-Westfalen wurde im August 1946 gegründet. Ein Jahr und drei Monate zuvor, am 8. Mai 1945, war mit der bedingungslosen Kapitulation des Deutschen Reiches der Zweite Weltkrieg in Europa zu Ende gegangen. Bereits Ende Oktober 1944 hatten Amerikaner und Briten bei Aachen erstmals deutschen Boden betreten. In langen Kämpfen wurde das Rheinland Schritt für Schritt besetzt. Im März 1945 überquerten die Alliierten den Rhein und eroberten in kurzer Zeit den Rest Deutschlands.

Das Deutsche Reich wurde von den Siegern besetzt und in vier Besatzungszonen aufgeteilt, die von den Alliierten (USA, Großbritannien, Sowjetunion und Frankreich) schon vor dem Kriegsende verabredet worden waren. Sie übernahmen jetzt die Regierung in Deutschland. Zwar wollten sie das Land gemeinsam verwalten, aber jede Macht handelte in ihrer Zone selbstständig.

Nord- und Westdeutschland gehörten zur britischen Besatzungszone. Diese umfasste mehrere preußische Provinzen, einige Kleinstaaten und reichte von Aachen bis zur dänischen Grenze.

Suche nach Nahrung und Brennholz in den Trümmern. Bilder von 1945 aus dem Münsterland.

Das Leben nach dem Krieg

Ein großer Teil des Landes lag in Trümmern. Fast jede zweite Wohnung im Gebiet des späteren NRW war ganz oder teilweise zerstört, entweder durch Bombenangriffe oder durch Kampfhandlungen während der letzten Kriegsmonate. Nach Berlin und Hamburg wies Köln die größten Trümmerberge auf, im Westen gefolgt von Dortmund, Essen und Aachen. Doch auch kleinere Städte waren schwer getroffen worden – in Westfalen etwa Coesfeld, Bocholt und Dülmen, im Rheinland Düren, Emmerich, Kleve, Wesel und Jülich.

Die Menschen hatten die Städte zum großen Teil verlassen müssen und lebten als Evakuierte auf dem Land, das unter dem Bombenkrieg weniger zu leiden hatte. Hier trafen seit Ende 1945 zunehmend Menschen aus den deutschen Ostprovinzen ein, die aus ihrer Heimat vertrieben worden waren. In die zerstörten Städte des Ruhrgebiets und des Rheinlands durften sie noch nicht ziehen, da diese zu „restricted areas" erklärt worden waren.

Ob in den Trümmern der Städte oder auf dem Land – die Lebensverhältnisse der Menschen waren katastrophal. Hunger und Not herrschten überall, besonders in den Städten. Die Wirtschaft war zusammengebrochen, das Geld war nichts mehr wert. Die Menschen mussten sich auf dem schwarzen Markt durch Tauschgeschäf-

Joseph
Kardinal Frings
(1887–1978)

Der aus Neuss
stammende
Frings wurde
1910 zum
Priester ge-
weiht, leitete
zeitweise ein
Waisenhaus und
wurde 1924 Pfarrer
in Köln. Ab 1937 leitete
er das Kölner Priesterseminar, 1942 wurde er zum
Erzbischof von Köln ernannt. Von 1945 bis 1965
war er Vorsitzender der Deutschen Bischofskonfe-
renz, 1946 wurde er zum Kardinal ernannt. Aus
gesundheitlichen Gründen trat der beliebte und
vielfach geehrte Frings 1969 in den Ruhestand.
Der Ausdruck „fringsen", die volkstümliche Um-
schreibung für einen Diebstahl aus purer Not,
ist bis heute vielen Menschen ein Begriff.

te mit Waren versorgen, dabei waren amerikanische Zigaretten die heimliche Währung.
Eine andere Möglichkeit zur Versorgung waren „Hamsterfahrten" in die Dörfer, bei denen
Wertsachen gegen Nahrungsmittel getauscht
wurden.

Die Versorgungsprobleme wurden durch
das Wetter noch verschärft. Der bittere Winter
1946/47 wurde zum Hungerwinter, in einigen
Städten kam es sogar zu Hungerdemonstratio-
nen. Oft blieb den Menschen nur der Diebstahl
von Kohlen, um ihre notdürftigen Unterkünfte
heizen zu können. Der Kölner Erzbischof Kardinal Frings äußerte angesichts der großen Not
der Menschen in seiner Silvesterpredigt am 31.
Dezember 1946 dafür Verständnis; sie dürften
„zur Lebenserhaltung" in Gottes Namen aus-
nahmsweise Kohlen klauen. Seitdem nannte
man den Kohlenklau vielfach auch „fringsen".

Hungerdemonstration am 28. März 1947
in Düsseldorf mit 80.000 bis 100.000
Teilnehmern.

Zu den Versorgungsproblemen kamen andere Sorgen. Viele Familien hatten den Tod von Angehörigen zu beklagen, die als Soldat oder als Bombenopfer ums Leben gekommen waren. Viele Männer befanden sich noch in Kriegsgefangenschaft. Es waren darum vor allem die Frauen, die das Leben nach dem Krieg organisieren mussten.

Notunterkunft in einem stark beschädigten Haus in Essen.

Bei einem kurzen Halt in der Kölner Innenstadt klauen Hausfrauen Kohlebriketts von einem Armee-Lastkraftwagen.

UDO LINDENBERG, Musiker, geboren am 17. Mai 1946 in Gronau. Seine erste Band gründete Lindenberg 1969, der Durchbruch gelang ihm und seinem „Panikorchester" 1973 mit dem Album „Andrea Doria". 1983 sorgte er mit seinem Lied „Sonderzug nach Pankow" für Aufsehen, das er nach langem Streit mit der DDR-Führung schließlich in Berlin aufführen durfte. Der politisch engagierte Musiker und Schriftsteller, der seit langem in Hamburg wohnt, zählt zu den Initiatoren des 2004 eröffneten Rock- und Popmuseums in seiner Heimatstadt Gronau. 2011 hatte sein Musical „Hinterm Horizont" Premiere; 2012 erhielt er zwei Echo-Preise: Für das Album des Jahres sowie in der Kategorie Rock, Pop National.

Das Sagen in Deutschland hatten die Sieger des Krieges – für das Gebiet des späteren Landes Nordrhein-Westfalen war das die britische Militärregierung. Die Briten setzten in den Städten und Gemeinden zunächst einmal Bürgermeister ein, zumeist Menschen, die vor 1933 Demokraten gewesen waren und die die nationalsozialistische Zeit unbelastet überstanden hatten. In Köln war dies der spätere Bundeskanzler Konrad Adenauer, der hier bereits bis 1933 Oberbürgermeister gewesen und von den Nazis abgesetzt worden war.

Auch die Deutschen selbst bemühten sich, nach den Schrecken der Nazizeit und des Krieges ihr Land mit zu gestalten. Sie trafen sich in ihren Kirchengemeinden, gründeten wieder freie Gewerkschaften und schlossen sich zu politischen Parteien zusammen – alles aber zunächst unter strengen Auflagen der Besatzer. Einige der Parteien setzten Traditionen fort, die 1933 von den Nationalsozialisten gewaltsam unterbrochen worden waren, so vor allem die SPD (Sozialdemokratische Partei Deutschlands), das katholische

Kölner Leitsätze

Vorläufiger Entwurf zu einem Programm der Christlichen Demokraten Deutschlands.

Vorgelegt von den Christlichen Demokraten Kölns im Juni 1945.

Ein Ruf zur Sammlung des deutschen Volkes.

Der Nationalsozialismus hat Deutschland in ein Unglück gestürzt, das in seiner langen Geschichte ohne Beispiel ist.

Er bedeckte den deutschen Namen vor aller Welt mit Schmach und Schande.

Nie wäre dies alles über uns gekommen, wenn nicht weite Kreise unseres Volkes von einem habgierigen Materialismus sich hätten leiten lassen.

So erlagen allzuviel der nationalsozialistischen Demagogie, die jedem Deutschen ein Paradies auf Erden versprach.

Ohne eigenen sittlichen Halt verfielen sie dem Rassenhochmut und einem nationalistischen Machtrausch.

Mit dem Größenwahnsinn des Nationalsozialismus verband sich die ehrgeizige Herrschsucht des Militarismus und der großkapitalistischen Rüstungsmagnaten.

Am Ende stand der Krieg, der uns alle ins Verderben stürzte.

Was uns in dieser Stunde der Not allein noch retten kann, ist eine ehrliche Besinnung auf die christlichen und abendländischen Lebenswerte, die einst das deutsche Volk beherrschten und es groß und angesehen machten unter den Völkern Europas.

Darum fort mit Diktatur und Tyrannei, Herrenmenschentum und Militarismus!

Ein freies Volk soll wiedererstehen, dessen Grundgesetz die Achtung menschlicher Würde ist.

Ein neues Deutschland soll geschaffen werden, das auf Recht und Frieden gegründet ist.

Unsere Jugend soll wieder lernen, das nicht Macht, sondern Geist die Ehre Deutschlands vor der Welt ausmacht.

Darum sollen auch die geistig Schaffenden die Achtung wieder genießen, die ihrem schöpferischen Können gebührt.

Helft mit ein neues und schöneres Deutschland aufzubauen auf dem unerschütterlichen Fundament des Christentums und der abendländischen Kultur.

Köln, im Juni 1945.

In den „Kölner Leitsätzen" formulierte eine Versammlung christlicher Politiker im Juni 1945 die programmatischen Grundzüge für eine gemeinsame Partei. Die Initiative wurde zum Ausgangspunkt der späteren CDU.

Zentrum und die KPD (Kommunistische Partei Deutschlands). Echte Neugründungen, die aber ebenfalls an ältere Traditionen anknüpften, waren die CDU (Christlich-Demokratische Union) und die FDP (Freie Demokratische Partei). Diese beiden Parteien führten Strömungen zusammen, die in der Weimarer Republik noch getrennt gewesen waren. Die CDU entstand als überkonfessionelle christliche Partei, während die FDP verschiedene liberale Strömungen zusammenfasste. Trotz der zum Teil erheblichen Unterschiede in ihren Programmen und Zielen arbeiteten die neuen Parteien zunächst zusammen, um zur Überwindung der Not im Land beizutragen.

Unter den Politikern dominierten anfangs Persönlichkeiten, die schon vor 1933 aktiv gewesen waren, während der Naziherrschaft aber verfolgt wurden oder ins Exil gehen mussten. Die neuen politischen Gruppen konnten zunächst nur in einzelnen Orten tätig werden, später in den Grenzen der früheren Provinzen, schließlich in der gesamten britischen Zone.

Wichtig für den politischen Neubeginn unter demokratischen Vorzeichen war der Aufbau einer freien Presse. Auch hier stellte die Besatzungsmacht durch die Vergabe von Lizenzen an unbelastete Deutsche die Weichen. Bis zur Wiederherstellung der vollen Pressefreiheit nach Fertigstellung des Grundgesetzes 1949 wurden in NRW 26 Lizenzen für Zeitungen vergeben, die zumeist politischen Parteien nahe standen.

Zu den obersten Zielen der Siegermächte nach der Besetzung Deutschlands gehörte neben der „Reeducation" der Deutschen zur Demokratie auch die Beseitigung jeglichen nationalsozialistischen Einflusses im öffentlichen Leben. Nach den großen Nürnberger Prozessen gegen die Hauptverantwortlichen der NS-Herrschaft wurde die „Entnazifizierung"

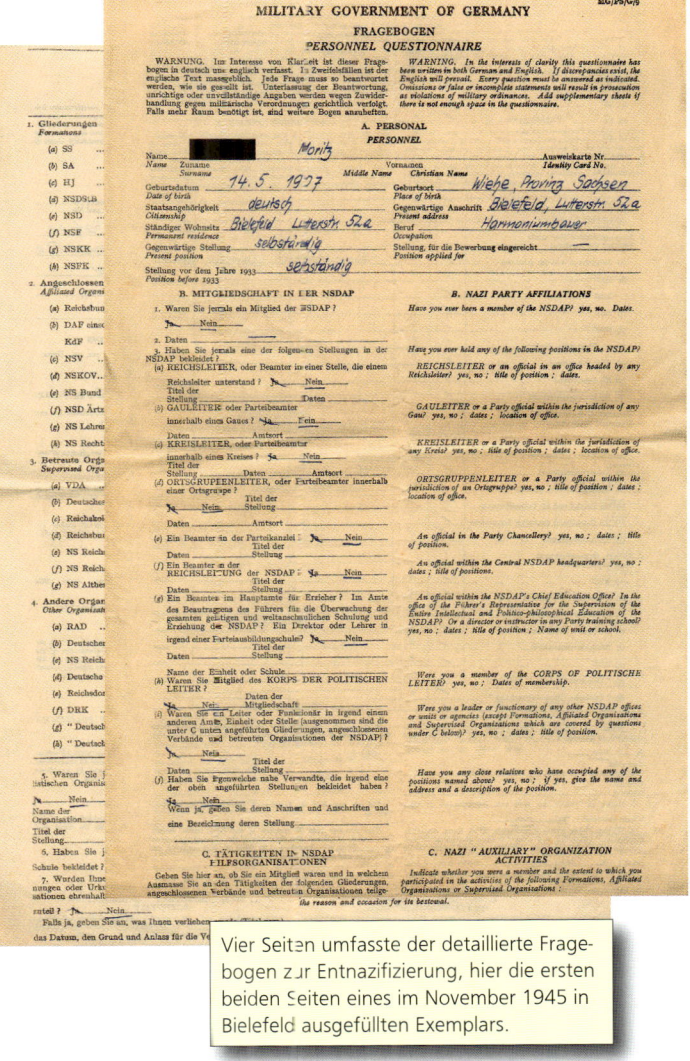

Vier Seiten umfasste der detaillierte Fragebogen zur Entnazifizierung, hier die ersten beiden Seiten eines im November 1945 in Bielefeld ausgefüllten Exemplars.

auf alle Deutschen ausgeweitet, sie mussten Fragebogen über ihre Tätigkeiten zwischen 1933 und 1945 ausfüllen und vor einer Spruchkammer erscheinen. Wer als belastet galt, durfte kein öffentliches Amt ausüben. Ab Anfang 1946 waren auch Deutsche an den Verfahren beteiligt.

Das Leben der Menschen war 1946 beherrscht von Not und Ungewissheiten. Zur gleichen Zeit planten die Siegermächte den staatlichen Neuaufbau Deutschlands. Er sollte 1946 zur Gründung eines neuen Landes führen, des Landes Nordrhein-Westfalen.

BERTI VOGTS (eigentlich Hans Hubert Vogts), Fußballer und Trainer, geboren am 30. Dezember 1946 in Büttgen (bei Neuss). Vogts spielte ab 1965 bei Borussia Mönchengladbach, bis 1979 wurde er mit dem Verein fünfmal deutscher Meister, 1974 gewann er mit der Nationalmannschaft den Weltmeistertitel. 1979 wurde Vogts Jugendtrainer des DFB, 1986 Co-Trainer und 1990 Trainer der Fußball-Nationalmannschaft; 1992 wurde seine Mannschaft in Schweden Vizeeuropameister, 1996 in England Europameister. Nach enttäuschenden Leistungen bei der Weltmeisterschaft 1998 geriet Vogts in die Kritik und trat von seinem Amt zurück. Nach einigen Monaten bei Bayer Leverkusen trainierte Vogts die Nationalmannschaften von Kuwait (2001 bis 2002), Schottland (2002 bis 2004) und Nigeria (2007 bis 2008). Seit 2008 ist er Trainer der Nationalmannschaft von Aserbaidschan.

Minden

Münster   Bielefeld   **LIPPE**
                        Detmold

PROVINZ WESTFALEN

Paderborn

Duisburg   Bochum   Dortmund
        Essen   Hagen   Arnsberg
Mönchen-
gladbach   Wuppertal
    Düsseldorf

RHEINPROVINZ

        Köln

Aachen

    Bonn

    Koblenz

RHEINPROVINZ

Trier

Saarbrücken

Karte der preußischen Provinzen Rheinland und Westfalen sowie des Landes Lippe. Das neue Land umfasst nur den nördlichen Teil der alten Rheinprovinz.

Operation „Marriage": Die Gründung des Landes Nordrhein-Westfalen

Föderalismus als Grundprinzip

Neben der Demokratisierung, der Entnazifizierung und der Demontage rüstungsrelevanter Industrien gehörte die Dezentralisierung zu den Hauptzielen der Siegermächte. Deutschland sollte als Staat wieder entstehen, aber nicht als zentralistischer Einheitsstaat, sondern als dezentral geprägter Staat mit einer föderalistischen Grundordnung.

Dabei befanden sich die Sieger durchaus im Einklang mit der deutschen Geschichte, denn Deutschland war vor 1933 kein Zentralstaat gewesen, sondern immer aus unterschiedlichen Territorien und Ländern zusammengesetzt. An diese Tradition des Föderalismus sollte der staatliche Neuaufbau anknüpfen.

Allerdings waren Größe und politisches Gewicht der deutschen Länder immer sehr unterschiedlich gewesen. Neben ausgesprochenen Kleinstaaten wie etwa Lippe-Detmold gab es Mittelstaaten wie Bayern, Sachsen, Baden und Württemberg. Als mit Abstand größtes Land hatte jedoch Preußen ein starkes Übergewicht und das 1871 gegründete Deutsche Reich faktisch dominiert. Da er den Siegern als „Hort des Militarismus und der Reaktion" galt, wurde der Staat Preußen 1947 durch ein Gesetz des Alliierten Kontrollrates für Deutschland förmlich aufgelöst.

Der staatliche Wiederaufbau begann von unten. Zuerst wurden in den Kommunen Bürgermeister eingesetzt, dann in den Kreisen Landräte und mit ebenfalls ernannten Beiräten versehen. Im September und Oktober 1946 fanden auf kommunaler Ebene die ersten freien Wahlen statt.

Als nächster Schritt stand die Bildung von Ländern an. Diese sollten nicht zu groß sein, um das Gleichgewicht zwischen den Ländern nicht zu stören. Andererseits durften sie auch nicht zu klein geschnitten sein, damit sie die enormen Versorgungsprobleme im Nachkriegsdeutschland bewältigen konnten.

Problem Ruhrgebiet

In den meisten Besatzungszonen ging die Gründung von Ländern seit 1945 ohne größere Schwierigkeiten voran. Ein Problem bestand aber in der britischen Zone: Wie sollte mit dem Ruhrgebiet umgegangen werden? Stärker als andere deutsche Regionen spielte hier die internationale Politik eine entscheidende Rolle, hier prallten die unterschiedlichen Zielvorstellungen und Interessen der Siegermächte aufeinander.

Das Ruhrgebiet war als industrielles Ballungsgebiet von enormer wirtschaftlicher und militärischer Bedeutung. Zwar sollte die Rüstungsindustrie zerschlagen werden, doch bildeten Kohle und Stahl das unverzichtbare Fundament für einen friedlichen wirtschaftlichen Wiederaufbau. Auch die Sieger hatten ein großes Interesse, die Wirtschaftskraft für ihre Zwecke zu nutzen. Besonders die UdSSR forderte, das Ruhrgebiet unter internationale Kontrolle zu stellen. Das verlangten auch die Franzosen, die gleichzeitig das Rheinland von Deutschland loslösen und daraus einen Pufferstaat zum Schutz gegen mögliche deutsche Aggressionen bilden wollten.

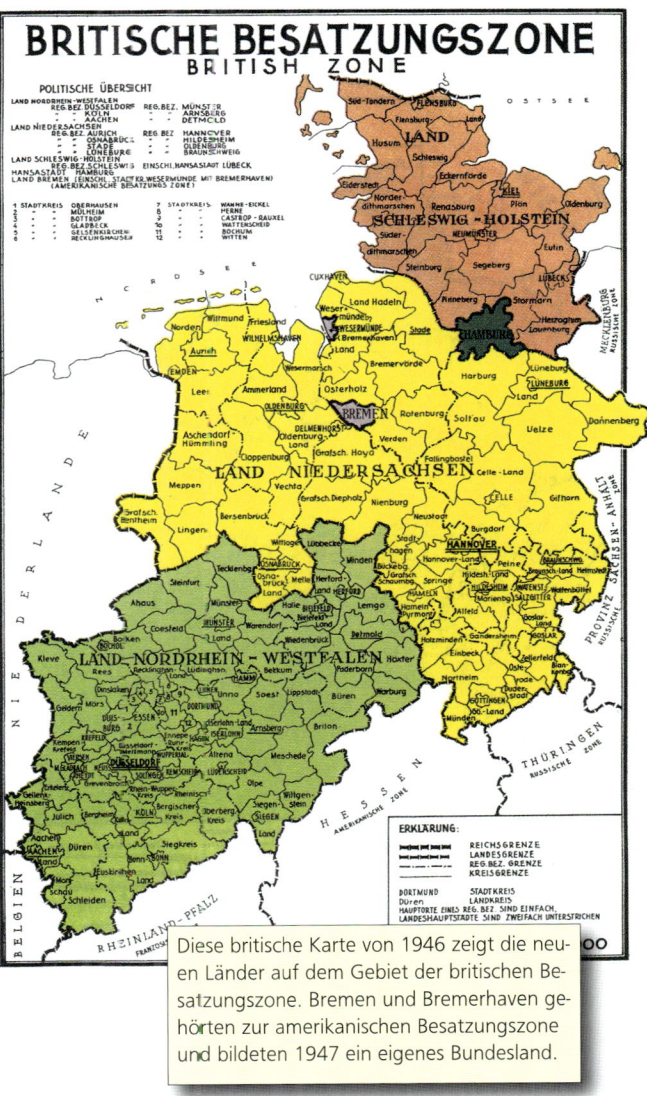

Diese britische Karte von 1946 zeigt die neuen Länder auf dem Gebiet der britischen Besatzungszone. Bremen und Bremerhaven gehörten zur amerikanischen Besatzungszone und bildeten 1947 ein eigenes Bundesland.

Entscheidung der Briten für die Operation „Marriage"

Da das Einvernehmen zwischen den Siegermächten immer geringer wurde, ging die britische Besatzungsmacht schließlich selbstständig vor. Da sie wussten, dass Deutschland ohne das wirtschaftliche Potenzial des Ruhrgebiets nur schwer wieder auf die Beine kommen konnte, widersetzten sie sich allen Versuchen, das Ruhrgebiet zu internationalisieren. Umstritten war aber die Frage, ob es zwei getrennte Länder „Rheinland" und „Westfalen" oder sogar einen eigenen „Ruhrstaat" geben sollte. Im Juni 1946 fiel in London die Entscheidung für die Operation „Marriage" –

Hochzeit, wie das englische Codewort für das Projekt bezeichnenderweise hieß. Der zur britischen Zone gehörende nördliche Teil der preußischen Rheinprovinz und die gesamte preußische Provinz Westfalen sollten zu einem Land mit dem neuen Namen „Nordrhein-Westfalen" zusammengeschlossen werden. Damit blieb das Ruhrgebiet ungeteilt in einem Land, es rückte sogar enger zusammen, als es bis dahin – verteilt auf zwei Provinzen – gewesen war. Zugleich sicherte der Zusammenschluss für das Ruhrgebiet ein größeres agrarisches Umland, das zur Versorgung des Industriereviers einstweilen unverzichtbar war.

Das Düsseldorfer Opernhaus, festlich geschmückt zur Eröffnung des ersten, von den Briten ernannten Landtages am 2. Oktober 1946.

Die deutsche Bevölkerung und die entstehenden neuen politischen Parteien hatten keine Möglichkeit, auf diese Entscheidung zur Landesgründung Einfluss zu nehmen. Dabei gingen die Meinungen auch bei den Deutschen auseinander. Im Rheinland und bei der CDU war die Stimmung zur Landesgründung eher positiv, in Westfalen und bei der SPD war die Skepsis größer – allerdings waren Befürworter und Gegner in allen Parteien anzutreffen. Die Mehrzahl der betroffenen Menschen wurde von der Entscheidung schlicht überrascht.

Der „Geburtstag" am 23. August 1946

Am 23. August 1946 wurde die Entscheidung der Briten rechtskräftig, dieser Tag gilt deshalb als der offizielle Geburtstag des neuen Landes. Gleichzeitig wurden in der britischen Zone auch die Länder Schleswig-Holstein und Hannover (später Niedersachsen) gebildet.

Der Aufbau des Landes ging zügig voran. Zur Hauptstadt wurde das im Rheinland gelegene Düsseldorf bestimmt. Der bereits am 24. Juli 1946 berufene erste Ministerpräsident kam dagegen aus Westfalen – es war der aus der NS-Zeit politisch unbelastete, frühere westfälische Oberpräsident Rudolf Amelunxen. Es war ein geschickter Zug der Briten, denn Amelunxen war ursprünglich Befürworter eines eigenen Landes Westfalen gewesen, hatte nun aber die Aufgabe, aus Vertretern beider Provinzen eine Regierung zusammenzustellen. Für die Auswahl Amelunxens dürfte gesprochen haben, dass er zu diesem Zeitpunkt noch keiner politischen Partei angehörte – er schloss sich erst später der Zentrumspartei an – und dass durch seine Wahl auch die Kritiker bei der Bildung des Landes eingebunden werden konnten. Für die Zusammenstellung seiner Regierung erhielt Amelunxen von der Militärregierung genaue Vorschriften, welche Ministerien einzurichten waren und wie viele Ministerämter auf die einzelnen Parteien entfallen sollten – beabsichtigt war eine Allparteienregierung.

Neben der neuen Regierung wurde auch ein 200 Personen umfassender

Die Eröffnung des Landtages am 2. Oktober 1946 in Düsseldorf zeigte auch symbolisch, wer die Gründung des Landes veranlasst hatte. In der Mitte der Rückseite die Flagge Großbritanniens, rechts und links die Wappen der preußischen Provinzen.

Landtag berufen, besetzt mit je 100 Abgeordneten aus dem Rheinland und aus Westfalen. Die Zahl der Abgeordneten für die einzelnen Parteien sollte nach dem Kräfteverhältnis der politischen Lager bei den letzten freien Wahlen von 1932 festgelegt werden, demnach sollten CDU und SPD jeweils 71 Sitze erhalten, die KPD 34, das Zentrum 18 und die FDP 9, hinzu kamen zwei Sitze für Unabhängige. Unter den ernannten Abgeordneten waren 24 Frauen. Im November 1946 wurde diese Sitzverteilung noch einmal geändert, denn inzwischen hatte die CDU die Kommunalwahlen vom 13. Oktober 1946 deutlich gewonnen und machte nun die Änderung der Sitzverteilung zur Bedingung für den Eintritt in die Regierung von Ministerpräsident Amelunxen. Schließlich wurde die Zahl ihrer Mandate entsprechend dem Wahlergebnis von 71 auf 92 erhöht, die übrigen Parteien mussten eine entsprechende Anzahl von Sitzen abgeben.

Die feierliche Eröffnung des Landtages fand am 2. Oktober 1946 im Düsseldorfer Opernhaus statt. Die Dekoration des Podiums hatte Symbolkraft: Es dominierte der britische Union Jack, der von dem wesentlich kleineren grün-weißen Wappen der Rheinprovinz und dem rot-weißen Wappen Westfalens eingerahmt war. Nach der Begrüßung durch Ministerpräsident Amelunxen wandte sich der Oberbefehlshaber der britischen Zone, Sir Sholto Douglas, an die Anwesenden und würdigte die politische Bedeutung der Stunde, auch wenn noch ein harter Weg vor den Deutschen stehe. Danach konstituierte sich der erste Landtag Nordrhein-Westfalens förmlich.

HEIDEMARIE ECKER-ROSENDAHL, Leichtathletin, geboren am 14. Februar 1947 in Hückeswagen (bei Remscheid). Heidemarie Rosendahl (seit 1974: Ecker-Rosendahl) wuchs in Radevormwald auf. 1970 wurde sie Weltmeisterin der Studenten im Weitsprung, 1971 Europameisterin im Fünfkampf. Bei den olympischen Sommerspielen 1972 in München errang sie Gold im Weitsprung sowie als Schlussläuferin der 4x100-Meter-Staffel. Rosendahl holte 40 Deutsche Meistertitel und hielt zeitweise Weltrekorde im Weitsprung, im Fünfkampf und in der 4x100 m Staffel. 1970 und 1972 wurde sie zur Sportlerin des Jahres gekürt. Später arbeitete sie als Leichtathletiktrainerin beim TSV Bayer 04 Leverkusen und engagierte sich im Präsidium des Deutschen Leichtathletik-Verbandes. Ecker-Rosendahl lebt in Leverkusen, wo sie ein Unternehmen für Ernährungswissenschaften und mehrere Sportstudios betreibt.

Rudolf Amelunxen
(1888–1969)

Der Sohn eines Eisen-
bahnbeamten wurde
in Köln geboren, sein
Jura-Studium absolvier-
te er in Freiburg, Berlin
und Bonn. Durch Mit-
arbeit in einer sozi-
alstudentischen
Bewegung wurde
er auf die sozialen
Probleme der Arbeiter-
schaft aufmerksam, 1918
trat er der Zentrumspartei bei.
1919 wurde er in den preußischen Staatsdienst eingestellt, arbei-
tete zunächst im Wohlfahrts-, später im Staatsminis-
terium. 1926 wurde er zum Regierungspräsidenten in
Münster ernannt, 1932 nach dem „Preußenschlag" in
den Ruhestand versetzt. Während der NS-Zeit arbeitete er als Hilfsschlosser. Nach der Besetzung des Landes beteiligte sich Amelunxen an der Neugründung
der Zentrumspartei. Im Juli 1945 wurde Amelunxen
von den Alliierten zum Oberpräsidenten von Westfalen, am 24. Juli 1946 zum ersten Ministerpräsidenten
des Landes Nordrhein-Westfalen ernannt. Im Juni
1947 gab er das Amt an den gewählten Nachfolger
Karl Arnold (CDU) ab, blieb aber bis 1950 Sozialminis-
ter, dann bis 1958 Justizminister.

Die folgenden, regulären Sitzungen des Landtages fanden nicht im Opernhaus, sondern in einem Theatersaal der Henkelwerke statt, der im Krieg unzerstört geblieben war. 1949 konnte schließlich der Umzug in das ehemalige Ständehaus erfolgen

Die Regierung Amelunxen sollte, so war es von vornherein geplant, nur für eine Übergangszeit amtieren. Zu den ersten Aufgaben des ernannten Landtages gehörte die Erarbeitung eines Wahlgesetzes. Anschließend wurden für den 20. April 1947 die ersten Landtagswahlen in Nordrhein-Westfalen angesetzt.

Zuvor war eine weitere wichtige Entscheidung gefallen. Nach langwierigen Verhandlungen, in denen es besonders um Vermögensfragen ging, kam am 21. Januar 1947 als dritter Teil das Land Lippe-Detmold zu NRW. Die britische Militärregierung erließ an diesem Tag die „Verordnung Nr. 77", mit der die Eingliederung Lippes mit sofortiger Wirkung angeordnet wurde. Der Landtag von Nordrhein-Westfalen billigte diese Entscheidung im November 1948 rückwirkend.

Das Kabinett von Ministerpräsident Amelunxen im Herbst 1946 mit Repräsentanten der britischen Besatzungsmacht. Amelunxen sitzt vorne links, neben ihm Regional Commissioner Ashbury und Walter Menzel (SPD).

Lippe, das auch die Option für einen Anschluss an Niedersachsen hatte, erhielt für seine Entscheidung von NRW zahlreiche Zugeständnisse. Dazu gehörte vor allem, dass ein eigener Landesverband Lippe das Vermögen des früheren Staates verwalten durfte und dass die Bezirksregierung für Ostwestfalen von Minden nach Detmold verlegt wurde. Der Name des neuen Landes wurde nicht mehr geändert, wohl aber erhielt die lippische Rose ihren Platz im 1953 festgelegten Landeswappen.

Heinrich Drake
(1881–1970)

Als Sohn eines Schumachers und Landwirtes in Lemgo geboren, absolvierte Drake nach der Bürgerschule eine Ausbildung als kaufmännischer Buchhalter. In seiner Lehrfirma stieg er bis zum Geschäftsführer auf, trat dann aber 1910 der SPD bei und wurde Journalist und politischer Schriftsteller. Im November 1918 wurde Drake einer von drei Vorsitzenden des Volks- und Soldatenrates, 1919 Mitglied und von 1921 bis 1933 Vorsitzender des dreiköpfigen Landespräsidiums. Wegen der finanziellen Schwäche des Landes verhandelte Drake in den zwanziger Jahren über einen Anschluss des ehemaligen Fürstentums an Preußen. 1933 aus dem Amt gedrängt, wurde Drake 1945 von den Briten erneut als Landespräsident eingesetzt. 1946 verhandelte er mit den Regierungen von NRW und Niedersachen über den künftigen Status seines Landes. Zu den Ergebnissen seiner Verhandlungen gehörte die Gründung des „Landesverbandes Lippe", dem Drake von 1949 bis 1952 und von 1956 bis 1966 vorstand.

Provisorischer Sitz des Landtages in den Henkel-Werken 1946.

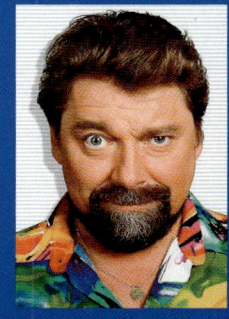

JÜRGEN VON DER LIPPE, Fernsehmoderator und Comedian, mit bürgerlichem Namen Hans-Jürgen Dohrenkamp, wurde am 8. Juni 1948 in Bad Salzuflen (heute Kreis Lippe) geboren. Er wuchs in Aachen auf, studierte dort sowie in Berlin Germanistik, Philosophie und Linguistik. 1972 erste Auftritte in Berlin, von 1976 bis 1979 zusammen mit Hans Werner Olm Mitglied der „Gebrüder Blattschuss", 1977 erste Solo-Platte. Ab 1980 im „WWF-Club" auch im Fernsehen zu sehen, seitdem Moderator zahlreicher Sendungen (u. a. Donnerlippchen, Geld oder Liebe, Lippe blöfft, So isses, Wat is, Wer zuletzt lacht!, Extreme Activity), daneben weiterhin zahlreiche Schallplatten und Tourneen. Größter Erfolg: 1987 mit „Guten Morgen liebe Sorgen" auf Platz 1 der ZDF-Hitparade. Bis Mai 2013 ist er auf umfangreicher Deutschlandtournee mit seinem Programm „So geht's". Lippe, der seinen Künstlernamen selbstironisch nach seiner Herkunft wählte, lebt in Berlin.

Vor 1800 gab es auf dem Gebiet des heutigen Landes NRW eine Vielzahl kleiner und kleinster Territorien – Grafschaften, Landgrafschaften, Fürstentümer, Herzogtümer, Kurfürstentümer, Herrschaften und Reichsstädte.

Gft. Diepholz

Ogft. Gft. Lin-gen
Rheine
Ft. Minden
Minden
Tecklen-burg
Herford
Steinfurt
Gft. Ravens-berg
Bielefeld
Ft. Lippe
Detmold
Fbt. Münster
Coesfeld
Münster
Elten
Rheda
Rietberg
Höxter
Gemen
Dülmen
zum Fbt. Osnabrück
Fbt. Corvey
Kleve
Hzgt.
Paderborn
Fbt.
Wesel
Recklinghausen
Hamm
Soest
Lippstadt
Paderborn
Kleve
Geldern
Dortmund
Werl
Hzgt. Geldern
Moers
Essen
Bochum
Schwerte
Hzgt.
Marsberg
Kempen
Duisburg
Werden
Limburg
Brilon
Krefeld
Kaiserswerth
Gft.
Arnsberg
Kft.
Hzgt.
Düsseldorf
Mark
Westfalen
Lennep
Solingen
Schmallenberg
Erkelenz
Gimborn
Olpe
Hzgt.
Berg
Homburg
Jülich
Köln
Siegen
Aachen
Düren
Köln
Blankenberg
Bonn
Jülich
Monschau
Kurfürsten-tum Trier

0   20   40   60 km

Abkürzungen

Ft.	Fürstentum
Fbt.	Fürstbistum
Gft.	Grafschaft
Hzgt.	Herzogtum
Kft.	Kurfürstentum
Lgft.	Landgrafschaft
Ogft.	Obergrafschaft

Königreich Preußen
Kurfürstentum Köln
Kurfürstentum Pfalz-Bayern
Habsburgische Niederlande
Nassauische Fürstentümer
Vereinigte Niederlande

Kleine geistliche Herrschaftsgebiete
Kleine weltliche Herrschaftsgebiete
Reichsstädte, Reichsritter
Kondominien (gemeinsam verwaltete Gebiete)
Strittige Gebiete

Keine Liebesheirat: Zum Landes-bewusstsein der Nordrhein-Westfalen

Sechzig Jahre nach der Landesgründung ist Nordrhein-Westfalen eine Selbstverständlichkeit geworden. Zu Beginn seiner Geschichte war das keineswegs der Fall. Was die Briten durch eine „Hochzeit" miteinander verbanden, waren in den Köpfen der meisten Menschen zwei Regionen, die bis dahin wenig miteinander zu tun gehabt hatten und die sich auch nicht gerade zueinander hingezogen fühlten.

Heinz Kühn, von 1966 bis 1978 Ministerpräsident von Nordrhein-Westfalen, hat die Landesgründung 1946 als Journalist erlebt. In der Rückschau spricht er davon, dass die Verbindung von Nordrhein und Westfalen „nicht gerade eine leidenschaftliche Neigungsehe" gewesen sei, sondern eher eine „nüchterne Partnerschaft". Man hat es auch schon drastischer formuliert: Die Verbindung von einem Teil des Rheinlandes und Westfalen sei keine „Liebesheirat", sondern eine „Zwangsehe" gewesen. Es sollte daher lange dauern, ehe sich ein echtes Zusammengehörigkeits-gefühl, ein Landesbewusstsein entwickelte.

Ein Blick in die Geschichte

Nordrhein-Westfalen ist eine echte Neuschöpfung, für die es keine geschichtlichen Vorbilder gibt. Weder im Rheinland, noch in Westfalen hatte es zuvor geschlossene Länder gegeben. Vor 1800 waren beide Landschaften – wie die Karte auf Seite 18 zeigt – in eine Vielzahl von einzelnen Territorien zersplittert, die teilweise von weltlichen Landesherren (Grafen, Fürsten, Königen), teilweise von geistlichen Landesherren (Äbten, Fürstbischöfen) regiert wurden, hinzu kamen noch die freien Reichsstädte Aachen, Dortmund und Köln. Allerdings hatte sich trotz der Zersplitterung besonders in Westfalen ein Gefühl der regionalen Zusammengehörigkeit erhalten. Lediglich das kleine Land Lippe gab es in dieser Form schon seit dem Mittelalter. Entsprechend stolz sind die Menschen hier noch heute auf ihre jahrhundertelange Selbständigkeit.

Durch den Wiener Kongress von 1815 wurde die Kleinstaaterei beseitigt. Bis auf Lippe waren alle Länder auf dem Gebiet des heutigen Nordrhein-Westfalen an das Königreich Preußen

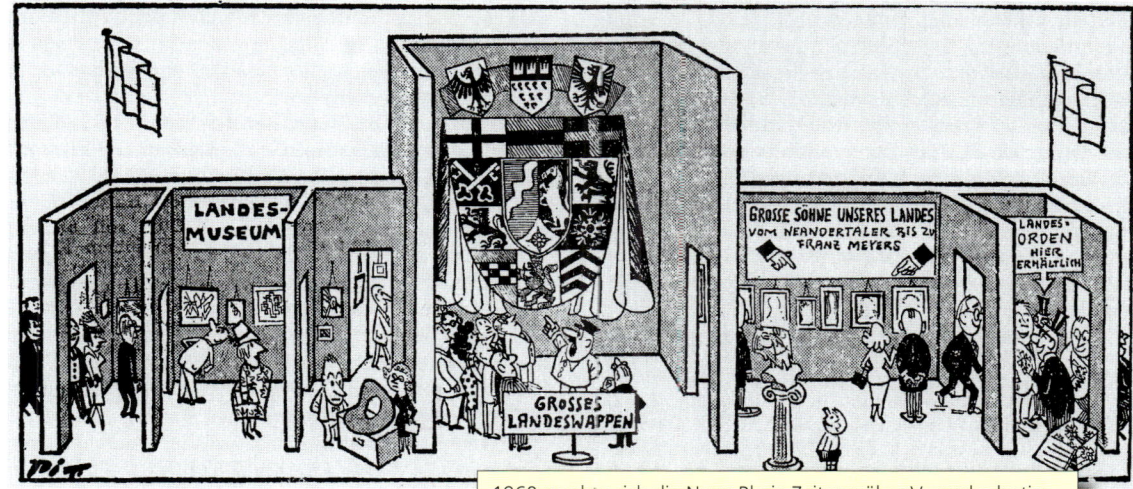

1960 machte sich die Neue Rhein-Zeitung über Versuche lustig, die Identität des Landes zu stärken – Zeichner Klaus Pielert entwarf ein „Landesbewusstseinshebungsinstitut". In der Mitte der Entwurf für ein großes Landeswappen, das nie eingeführt wurde.

gefallen und wurden zu den beiden preußischen Provinzen Rheinland und Westfalen zusammengefasst. Beide Provinzen führten aber auch weiterhin ein starkes Eigenleben. Die Rheinprovinz war zudem viel größer und griff mit den Regierungsbezirken Koblenz und Trier weit nach Süden aus. Nach dem Zweiten Weltkrieg kam dieser Teil des Rheinlandes zur französischen Besatzungszone und dann zum 1946 gebildeten Bundesland Rheinland-Pfalz.

Getrennte Identitäten

Neben der getrennten Geschichte wurden lange Zeit auch die unterschiedlichen Eigenschaften von Rheinländern und Westfalen betont, die ein Zusammenwachsen des Landes erschwerten.

Rüdiger Hoffmann
Jürgen Becker
Es ist furchtbar, aber es geht.

Jürgen Becker und Rüdiger Hoffmann verkörpern die Klischees vom lebensfrohen Rheinländer und bedächtigem Westfalen als Kabarettisten. 1994 bis 1997 traten die beiden zusammen auf und präsentierten einen nordrhein-westfälischen Heimatabend unter dem Motto „Es ist furchbar, aber es geht."

Man sprach von besonderen „Stammeseigenschaften" oder dem unterschiedlichen „Volkscharakter" der Menschen in den verschiedenen Landesteilen. Die Rheinländer sind demzufolge weltoffen, geistig beweglich, fröhlich und insgesamt positiv eingestellt. Die Westfalen gelten dagegen als bodenständig, nachdenklich, zuverlässig, eher mundfaul und auf sich bezogen, sofern man sie nicht als geradezu „dickschädelig" bezeichnet. Die vielzitierte Kennzeichnung der Westfalen durch Heinrich Heine als „sentimentale Eichen" gehört ebenfalls in diese Aufzählung. Für die Lipper sollen diese Eigenschaften, die bei näherem Hinsehen ja keineswegs negativ sind, sogar noch in gesteigertem Maße zutreffen, allen voran die Sparsamkeit.

Derartige Klischees, wie sie heute von einigen Kabarettisten gerne gepflegt werden, haben natürlich einen wahren Kern. So war das Rheinland seit Jahrtausenden ein wichtiges Durchgangsland mit engen Kontakten nach Frankreich, während Westfalen seit dem ausgehenden Mittelalter eher abseits der großen Verkehrsströme lag. Es entwickelten sich unterschiedliche Sprachen, Gebräuche und Traditionen, auf die die Menschen zum Teil heute noch stolz sind und die sie vor dem Verschwinden bewahren wollen – wie etwa die plattdeutsche Sprache.

Als dritter Landesteil mit einem eigenen Selbstbewusstsein entwickelte sich im Zuge der Industrialisierung seit der Mitte des 19. Jahrhunderts das Ruhrgebiet. Die Region zwischen Duisburg und Hamm wurde zu einem industriellen Ballungsraum und bildete als „rheinisch-westfälisches Industriegebiet" gewissermaßen eine Klammer zwischen beiden Provinzen. Frühzeitig durch die Zuwanderung von Menschen aus den preußischen Ostprovinzen und anderen Teilen Deutschlands geprägt, orientierten sich die Menschen hier weniger an überkommenen Traditionen als an der Arbeitswelt.

Auch nach der Landesgründung blieben Elemente des Eigenlebens der Landesteile erhalten und erschwerten das Zusammenwachsen. Eigene Landeskirchen für Rheinland und Westfalen bestehen im Bereich der evangelischen Kirche noch heute, ebenso getrennte Regionalverbände im Bereich des Sports. Für die gemeindeübergreifenden Aufgaben in Kultur und Straßenbau, Gesundheits- und Sozialwesen bestehen eigene Landschaftsverbände für Rheinland und Westfalen-Lippe, daneben der Kommunalverband Ruhrgebiet. Und auch die großen politischen Parteien waren lange Zeit in rivalisierenden Landesverbänden (bei der CDU) beziehungsweise in den traditionellen rheinischen und westfälischen Bezirken (bei der SPD) organisiert.

Wir in Nordrhein-Westfalen

Auf dem Weg zum Landesbewusstsein

Bemühungen der Landesregierungen um die Schaffung eines gemeinsamen Landesbewusstseins hatten es dagegen anfangs schwer. Während der eingangs zitierte Ministerpräsident Kühn schon 1978 davon sprach, der Trennungsstrich im Landesnamen sei zu einem Verbindungsstrich geworden, kam es eigentlich erst in den achtziger Jahren zu wirklichen Fortschritten bei der Entwicklung einer NRW-Identität. Ein wichtiger Baustein war der von der SPD propagierte Slogan „Wir in Nordrhein-Westfalen", der bald auch außerhalb der Politik zu einem feststehenden Begriff wurde. Andere Maßnahmen trugen seit Mitte der achtziger Jahre ebenfalls zur Stärkung des NRW-Bewusstseins bei: ein Staatspreis, der für Verdienste um die Kultur des Landes vergeben wird, ein Landesorden für verdiente Bürgerinnen und Bürger, oder die NRW-Stiftung, die unter anderem Projekte fördert, die für das Heimatgefühl und das Landesbewußtsein der Menschen von Bedeutung sind.

Zu den Bemühungen der Politik kamen andere Faktoren. Eine wichtige Funktion für das Zusammengehörigkeitsgefühl im Land hatte der Westdeutsche Rundfunk (WDR). Er ging in den fünfziger Jahren durch Teilung aus dem NWDR (Nordwestdeutscher Rundfunk) hervor, den die Briten nach dem Krieg als öffentlich-rechtlichen Rundfunksender mit Hauptsitz in Hamburg geschaffen hatten. Der WDR mit Sitz in Köln sendet seit 1956 und ist für ganz NRW zuständig, für das Land „zwischen Rhein und Weser", wie ein beliebtes Magazin noch heute heißt. Als Radiosender mit fünf Vollprogrammen und dem „Funkhaus Europa", aber auch als Fernsehsender mit regionalen Fenstern versorgt der WDR Land und Leute mit Themen aus und für NRW.

Auch scheint die „stammesmäßige" Zuordnung zu Rheinländern und Westfalen heute weniger wichtig als in den Anfangsjahrzehnten des Landes. Dafür gibt es viele Gründe. Eine wichtige Ursache ist in der Auflösung traditioneller sozialer Bindungen („Sozialmilieus") zu sehen – junge

JÜRGEN BECKER, Kabarettist, geboren am 27. August 1959 in Köln. Becker scheiterte im ersten Anlauf am Gymnasium, absolvierte die Realschule und wurde technischer Zeichner. Auf dem zweiten Bildungsweg holte er das Abitur nach und studierte Sozialarbeit, anschließend gründete er eine Druckerei. 1983 war Becker Mitbegründer der Kölner „Stunksitzung", deren Präsident er von 1984 bis 1995 war. Seit 1991 tritt er bundesweit als Solokabarettist auf. Seit 1992 moderiert er im WDR Fernsehn die Kabarett-Sendung „Mitternachtsspitzen"", seit 2008 die Reihe „Der dritte Bildungsweg". Ebenfalls bereits seit 1992 ist er mit Didi Jünemann in der „Frühstückspause" auf WDR 2 zu hören, 2011 wurde die tausendste Sendung ausgestrahlt. Becker ist auf der Bühne ein überzeugter Kölner, der die rheinische Sicht der Welt zu erklären versucht, etwa in seinem Programm zum „Mysterium des Rheinischen Kapitalismus".

RÜDIGER HOFFMANN, Kabarettist, geboren am 30. März 1964 in Paderborn. Hoffmann studierte Musik und Germanistik, verließ die Universität aber ohne Abschluss. Seit 1992 ist er regelmäßig zu Gast in den „Mitternachtsspitzen", 1993 folgten Auftritte bei RTL Samstagnacht, ab 1994 eine gemeinsame Tournee mit Jürgen Becker sowie Auftritte im Quatsch Comedy Club. Seit 1995 ist Hoffmann mit Soloprogrammen unterwegs. 2000 übernahm er im Hörspiel „Ja uff erst mal..." die Rolle des Winnetou, 2004 war er in „7 Zwerge" erstmals im Kino zu sehen. 2007 erschien sein erstes rein musikalisches Album. Hoffmann, der heute in Bonn wohnt, spielt mit dem Klischee des langsamen und bedächtigen Westfalen. Sein Eingangssatz „Jaaa, haalloo erstmaal! Ich weiß gar nicht, ob Sie's wussten ..." ist zum Markenzeichen geworden.

Menschen sind freier in der Wahl ihres Lebensweges, sie orientieren sich nicht mehr primär am Beruf oder am Stand der Eltern. Auch Religion, Konfession und politische Bindungen der Eltern sind nicht mehr allein prägend, Ehen zwischen Protestanten und Katholiken sind inzwischen eine Selbstverständlichkeit. Mit zahlreichen Flüchtlingen und Vertriebenen und später den Zuwanderern aus verschiedensten Ländern kamen ganz neue kulturelle Prägungen ins Land. Durch die gestiegene Mobilität und die allgemeine Teilhabe an einer einheitlichen Medienkultur ist nicht nur der Unterschied zwischen Stadt und Land geringer geworden, sondern offenbar auch der Unterschied zwischen Rheinland und Westfalen.

Nordrhein-Westfalen – ein kleiner Klischee-Schnellkurs

	Das denkt er von sich selbst	Mit diesem Klischee hat er zu kämpfen	Dafür schämt er sich
DER/DIE MÜNSTERANER(IN)	gebildet, weltoffen, tolerant, kinder- und umweltfreundlich, kurz: der Gutbürger schlechthin	Fahrradhelm tragendes, verwöhntes Weichei, das vor allem eins ist: fern von jeder Realität	die Fixerszene am Bahnhof und die Besucher der größten Kegelparty Europas, die jährlich in Münster stattfindet
DER/DIE SAUERLÄNDER(IN)	bauernschlau und naturverbunden, da er in einer intakten Welt der Dorfgemeinschaft und Vereine aufgewachsen ist	Bauer oder Landei, das sich – weil ihm nichts anderes übrig bleibt – seine langweilige Gegend notorisch schönredet	wenn wieder fast den ganzen Winter die Skilifte „im nördlichsten Skigebiet Deutschlands" wegen Schneemangel still stehen müssen
DER OSTWESTFALE/ DIE OSTWESTFÄLIN (Aus Bielefeld, Minden, Herford oder Paderborn)	Teil einer tiefen, herzlichen Gemeinschaft zu sein, in der eigene Gesetze gelten und in der man sich mit wenigen Worten versteht, zu der Fremde sich den Zugang jedoch hart erarbeiten müssen	wortkarger Sturkopf, der aus seiner Verschrobenheit eine Tugend macht und Probleme gerne mit einem Klaren löst	kurioserweise: für eigentlich nichts
DER/DIE RUHRGEBIETLER(IN)	der Einzige, der noch sagt, was er denkt: ehrlich und direkt	distanzgeminderter Schrebergartenbesitzer, der noch immer den geschlossenen Zechen nachtrauert	die Skihalle in Bottrop, in die niemand will
DER/DIE DÜSSELDORFER(IN)	eleganter und lebensbejahender Bewohner der Kunst-, Mode-, Werbe- und Karnevalshauptstadt Deutschlands	gelangweilte, studiogebräunte, ungenierte Pelzmantelträger, die sich selbst maßlos überschätzen	dass die Stimmung in Düsseldorfs Altstadt am größten ist, wenn Kölner Karnevalslieder gespielt werden
DER/DIE KÖLNER(IN)	kontaktfreudige, tolerante Frohnatur, die jeden so sein lässt, wie er will – Hauptsache, er hat Spaß dabei	oberflächlicher, notorischer Gute-Laune-Verbreiter, den man nur mit einigen Kölsch ertragen kann und der entweder schwul ist oder beim Fernsehen arbeitet	wenn er für den Job nach Düsseldorf pendeln oder gar umziehen muss

Für die meisten Menschen dürfte heute ihre engere Region der wichtigste Bezugspunkt sein. Man lebt im Sauerland oder im Bergischen Land, in der Eifel oder in Ostwestfalen, am Niederrhein, im Münsterland oder im Ruhrgebiet. Demgegenüber tritt die Ebene des Landes für das Selbstverständnis der hier lebenden Menschen zurück. Den „Nordrhein-Westfalen" oder die „Nordrhein-Westfälin" gibt es folglich nicht. Dennoch wird Nordrhein-Westfalen heute als unteilbare Einheit empfunden. Dazu hat nicht zuletzt die Zeit beigetragen, schließlich ist die überwiegende Mehrheit der hier lebenden Menschen nach der Landesgründung geboren. Für sie ist die Kunstschöpfung von 1946 eine vertraute Realität.

Texte: Mathias Irle. Aus: fluter (Magazin der Bundeszentrale für politische Bildung) Nr. 14 (2005)

Damit prahlt (und nervt) er	Damit verbringt er sein Wochenende	Das wissen nur Insider	Er pflegt ein besonderes Verhältnis zu
dass in Münster das erste Fahrradparkhaus der Welt steht und Götz Alsmann in der Stadt wohnt	die Barbourjacke anlegen, mit dem Volvo/dem Fahrrad zum Markt fahren, um überteuertes Gemüse direkt vom Erzeuger zu kaufen	Eine Million Holländer drängen sich jedes Jahr auf dem Weihnachtsmarkt, ohne Familie oder als Nichtstudent kommt man sich in dieser Stadt fehl am Platze vor	den Bewohnern der umliegenden Kleinstädte, die keine Rücksicht auf Radfahrer nehmen und am Wochenende über Münsters beschauliche Kneipen herfallen
mit den Niederländern, die angeblich so zahlreich wegen der außergewöhnlichen Berglandschaft im Sauerland Urlaub machen	in die Großstädte angrenzender Regionen zum Ausgehen oder Einkaufen fahren, weil es so etwas bei ihm nicht gibt; oder: Winterreifen aufziehen	Die Veltins- und Warsteiner Brauereien sind im Sauerland beheimatet. Damit ist das Sauerland eine der wichtigsten Bierregionen Deutschlands	seinen Nachbarn im Süden, den Siegenern, die er für noch provinzieller hält, als ihm selbst vom Rest NRWs nachgesagt wird.
mit Heldentaten in der Herforder Diskothek „Kick", mit dem Bielefelder Unternehmen Dr. Oetker und überhaupt: mit der Härte einer Jugend in solch einer Gegend	sich für eine Umgehungsstraße im „Kurort" Bad Oeynhausen einsetzen, durch dessen Hauptstraße viele genervt fahren müssen, wenn sie nach Berlin wollen	**Der Papst hat mal Paderborn besucht und Iris Berben kommt aus Detmold**	allen Großstädten Deutschlands, wo sich Ostwestfalen wieder zu verschworenen Gemeinschaften zusammenrotten
mit der Büdchenkultur (diesen Kiosken, die an jeder Ecke stehen), den Fußballvereinen, dass das Ruhrgebiet eigentlich die größte Stadt Deutschlands ist	grillend, am Büdchen, im Fußballstadion oder darüber diskutierend, wie weit das Ruhrgebiet reicht	**Schalke ist ein Stadtteil von Gelsenkirchen**	den Düsseldorfern: hier fällt er zu Karneval und abends in die Altstadt ein und freut sich, wenn sich die Düsseldorfer pikiert abwenden
dass Claudia Schiffer hier in einer Disco entdeckt wurde, mit den Toten Hosen und den silbernen, schiefen Gebäuden des Stararchitekten Frank Gehry	flanierend auf der Einkaufsmeile Kö; oder Altbier trinkend darauf wartend, dass Fortuna Düsseldorf endlich wieder in die Bundesliga aufsteigt, damit das modernste Fußballstadion Deutschlands einen Nutzen hat	**Der wohl dekadenteste Club Deutschlands, das „Sams", ist in Düsseldorf. Dank Löwensenf gilt die Stadt als Senfmetropole. Das Brauchtum, Karneval zu feiern, endet gleich hinter der Stadtgrenze.**	den Kölnern, weil sie statt Altbier Kölsch trinken, behaupten, sie hätten den besseren Karneval und die wichtigere Kulturszene, und weil sie auch sonst in vielem den Düsseldorfern ähneln
mit der größten Schwulenszene außerhalb San Franciscos, BAP, den Millowitschs und der besten Sporthochschule Deutschlands	egal, ob auf einer Straßenparade, in der Kölner Philharmonie, bei einer Lesung oder Rheinfahrt – Hauptsache mit Kölsch	Der wichtigste Therapeut der Kölner heißt „Domian" und ist Radiomoderator, den man nachts in seiner Show anrufen kann. Die Lindenstraße wird in Köln gedreht	**den Düsseldorfern: Weil er überzeugt ist, sie wären gerne so wie er**

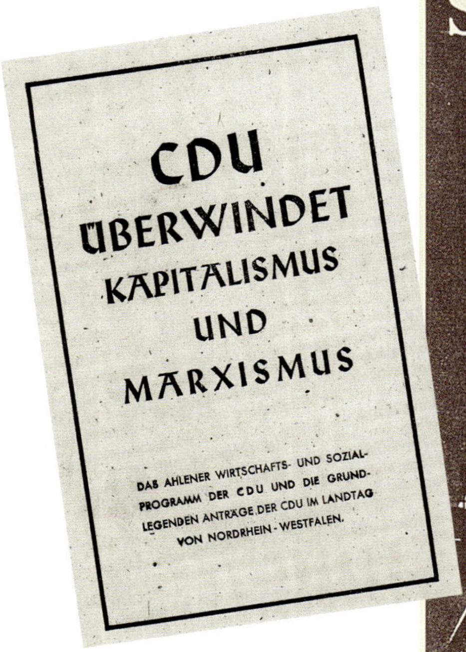

Gesunder Wettbewerb durch Sozialisierung!

SPD

darum **Sozialdemokraten**

CDU ÜBERWINDET KAPITALISMUS UND MARXISMUS

DAS AHLENER WIRTSCHAFTS- UND SOZIAL-PROGRAMM DER CDU UND DIE GRUND-LEGENDEN ANTRÄGE DER CDU IM LANDTAG VON NORDRHEIN - WESTFALEN.

Die Veränderung der Wirtschaftsordnung stand für beide großen Parteien nach 1945 auf der Tagesordnung: Das „Ahlener Programm" der CDU von 1946 und ein Plakat der SPD von 1947.

Die Anfänge der Landespolitik

Die ersten Landtagswahlen

Am 20. April 1947 fanden die ersten Landtagswahlen in Nordrhein-Westfalen statt. Knapp acht Millionen Wahlberechtigte waren aufgerufen, erstmals nach dem Krieg in freier und geheimer Wahl Abgeordnete für das ganze Land zu wählen. Verglichen mit späteren Landtagswahlen war das Interesse gering: Nur etwa zwei von drei Wahlberechtigten (67,3 Prozent) machten von ihrem Stimmrecht Gebrauch, ein Wert, der in den folgenden Jahrzehnten meist deutlich übertroffen wurde. Offensichtlich waren vielen Menschen ihre Alltagssorgen wichtiger als die Politik.

Der Wahlausgang bestätigte im Wesentlichen das Ergebnis der Kommunalwahlen von 1946: Die CDU lag mit 37,6 Prozent der Stimmen klar vor der SPD, die 32 Prozent erhielt. Weiterhin in den Landtag kamen die KPD mit 14 Prozent, das Zentrum mit 9,8 und die FDP mit 5,9 Prozent.

Politische Grundfragen – Arnold gegen Adenauer

Keine der Parteien war stark genug, um allein eine Regierung bilden zu können. So begann die Suche nach möglichen Koalitionen. Entscheidend für die Regierungsbildung war die Haltung der größten Partei, der CDU. In der CDU rivalisierten zu dieser Zeit zwei unterschiedliche gesellschaftspolitische Konzeptionen, die durch die Personen Karl Arnold und Konrad Adenauer vertreten wurden. Arnold stammte aus der christlichen Gewerkschaftsbewegung und repräsentierte den christlich-sozialen Arbeitnehmerflügel der Partei. Er stand für eine gemeinwirtschaftlich ausgerichtete Wirtschaftspolitik, war Sozialisierungen (also der Übernahme von Unternehmen in Staatsbesitz) nicht abgeneigt und suchte die Nähe zur SPD, wobei er offensichtlich auch von den Briten unterstützt wurde. Adenauer verkörperte das eher konservative und wirtschaftsliberale Lager und lehnte Sozialisierungen ab. Wirtschaftspolitisch unterstützte er die von Ludwig Erhard vertretene soziale Marktwirtschaft, politisch suchte er die Zusammenarbeit mit der FDP und dem Zentrum.

Bei der Auseinandersetzung zwischen den beiden Politikern spielten wohl auch persönliche Abneigungen eine Rolle. Während sich auf Bundesebene die Konzeption Adenauers im Laufe der Zeit durchsetzte, war in Nordrhein-Westfalen anfangs die Position Arnolds stärker. Arnold bildete im Juni 1947 abermals eine große Koalition aus CDU, SPD, Zentrum und KPD. Der bisherige Ministerpräsident Amelunxen, inzwischen Mitglied der Zentrumspartei, gehörte dem Kabinett weiterhin als Minister für Soziales an, der spätere Bundespräsident Heinrich Lübke (CDU) war Landwirtschaftsminister. Die führenden Köpfe der SPD im Kabinett waren Innenminister Walter Menzel und Wirtschaftsminister Erik Nölting. Ende 1947 kam mit Kultusministerin Christine Teusch (CDU) erstmals eine Frau in die Landesregierung.

Aus der geschichtlichen Rückschau und der Erfahrung des Wirtschaftswunders fällt es schwer, die damaligen Kontroversen nachzuvollziehen. Allerdings war damals die Situation völlig offen

Karl Arnold
(1901–1958)

Arnold wurde in Herrlishöfen (Württemberg) geboren und war gelernter Schuhmacher. 1920 trat er der Zentrumspartei bei, 1920/21 studierte er an der Sozialen Hochschule Leohaus in München und arbeitete ab 1920 als Funktionär der christlichen Gewerkschaften, seit 1924 im Bezirk Düsseldorf. Nach 1933 war er an einem Installationsgeschäft beteiligt, 1944 wurde er nach dem gescheiterten Hitler-Attentat verhaftet. 1945 beteiligte er sich an den Gründungen der Christlich-Demokratischen Partei (CDP, später CDU) in Düsseldorf und der neuen Einheitsgewerkschaft (heute DGB) im Rheinland. Im Januar 1946 wurde Arnold von den Briten zum Oberbürgermeister von Düsseldorf ernannt, zudem erhielt er eine Lizenz für die Tageszeitung „Rheinische Post". Im Dezember 1946 wurde er stellvertretender Ministerpräsident im Kabinett Amelunxen. Nach der Landtagswahl im April wurde Arnold am 17. Juni 1947 der erste frei gewählte Ministerpräsident des neuen Landes, 1949 wurde er erster Präsident des Bundesrates. Im Februar 1956 wurde Arnold durch ein konstruktives Misstrauensvotum von SPD und FDP gestürzt. Im gleichen Jahr wurde er stellvertretender CDU-Bundesvorsitzender, 1957 Bundestagsabgeordneter und stellvertretender Fraktionsvorsitzender der CDU/CSU, 1958 Vorsitzender der CDU-Sozialausschüsse. Für die Landtagswahl 1958 war Arnold erneut Spitzenkandidat der CDU, starb aber am 29. Juni – eine Woche vor der Wahl – überraschend an Herzversagen.

und der rasche wirtschaftliche Wiederaufstieg Deutschlands keineswegs absehbar. So waren auch in christdemokratischen Kreisen Vorstellungen weit verbreitet, denen zufolge die kapitalistische Wirtschaftsordnung überwunden werden müsse. Nach den Erfahrungen von Gewaltherrschaft und Krieg strebten viele eine grundlegende Neuordnung von Wirtschaft und Gesellschaft an. Diese Strömungen schlugen sich unter anderem im „Ahlener Programm" der CDU vom Februar 1947 nieder. Mit der darin erhobenen Forderung nach Sozialisierungen rückte die CDU programmatisch in die Nähe der SPD und ihrer Forderungen nach Vergesellschaftung der Schwerindustrie. Je stärker Konrad Adenauer allerdings die Führung innerhalb der CDU übernehmen konnte, um so mehr verringerte sich der Einfluss der christlich-sozialen Richtung innerhalb der CDU. Das Ahlener Programm wurde nicht umgesetzt.

Entscheidungen der ersten Legislaturperiode

Unmittelbar nach Kriegsende hatten die Sieger damit begonnen, eine Reihe von unzerstörten Fabriken abzubauen und in andere Länder zu transportieren. Diese so genannten Demontagen sollten zum einen als Kriegsentschädigung für die von den Deutschen angerichteten Zerstörungen dienen. Zum anderen aber sollten sie jene Teile der deutschen Wirtschaft, die für den Krieg mitverantwortlich gemacht wurden – insbesondere die Schwer- und Rüstungsindustrie – gezielt schwächen. Im Oktober 1947 wurde von den Briten und Amerikanern eine Liste übergeben, nach der allein in Nordrhein-Westfalen 294 Werke betroffen waren.

Ministerpräsident Arnold und Wirtschaftsminister Nölting versuchten, die Demontagen zu verzögern und über einzelne Werke zu verhandeln, denn der Abbau hatte katastrophale Folgen für den Arbeitsmarkt. Doch in den Jahren 1948 und 1949 wurden wichtige Fabrikteile bei Fried. Krupp in Essen, bei der August Thyssen-Hütte in Duisburg und beim Bochumer Verein in Bo-

Das Gelände der Firma Fried. Krupp in Essen nach Räumung der Trümmer und nach Abschluss der Demontagen 1950.

Wer im Glashaus sitzt soll nicht mit Steinen werfen Bevin will Einstellung der Demontage im Osten Und was geschieht im Westen?

6.000 Menschen demonstrieren am 31. Mai 1949 in Gelsenkirchen, Horst und Gladbeck gegen die geplante Demontage der Benzin AG in Gelsenkirchen. Sie erinnern den britischen Außenminister Ernest Bevin an seine Forderung zur Demontageeinstellung gegenüber der Sowjetunion.

chum abgebaut. Auch die Werke für künstliches Benzin bei der Gelsenberg Benzin AG und bei der Scholven-Chemie AG in Gelsenkirchen waren betroffen. Erst 1949 gelang es der Bundesregierung, im Zusammenhang mit den Verhandlungen um das Ruhrstatut, ein Ende der Demontagen zu erreichen.

Eine wichtige Aufgabe der neuen Landesregierung lag in der Neuordnung des Schulwesens. Hier stand vor allem die weltanschauliche Orientierung der Volksschulen im Vordergrund, die um diese Zeit von rund 85 Prozent aller Schülerinnen und Schüler besucht wurden. Die Auseinandersetzung spitzte sich auf die Frage zu, ob die Volksschulen als konfessionelle Bekenntnisschulen oder als Gemeinschaftsschulen einzurichten seien. Vor allem von katholischer Seite wurde das Elternrecht auf Konfessionsschulen eingefordert, was von der Bevölkerung mehrheitlich unterstützt

LUDGER STRATMANN, Kabarettist, geboren am 23. Juli 1948 in Verl. Stratmann zog als Kind nach Essen, wo er eine Sparkassenlehre absolvierte. Am Abendgymnasium holte er das Abitur nach und begann in Bochum Medizin zu studieren, 1985 ließ er sich als Allgemeinmediziner in Bottrop nieder. Mit seinem Bruder Christian eröffnete er 1994 in Essen „Stratmanns Theater Europahaus", dort tritt er seit 1995 mit wechselnden Programmen auf. Seine Erfahrungen als Mediziner – vor allem der Umgang mit den typischen Ruhrgebietspatienten – haben ihm Stoff für zahlreiche Auftritte in seinem „Heiteren Medizinischen Kabarett" geliefert. 1997 bis 2000 spielte Stratmann den Kohlenpott-Kneipenwirt in der WDR-Sendung „Mittwochs mit…", seit 2001 hat er seine eigene Comedy-Sendung „Stratmanns – Jupps Kneipentheater im Pott" im WDR-Fernsehen. 2002 gab er seine Praxis auf und widmet sich seitdem ausschließlich der Bühne. Seit 2003 führt Stratmann das Theater in Essen allein.

1980

ENDLICH WIEDER KAUFEN KÖNNEN

WÄHLT CDU

Wahlplakat der CDU aus dem Jahr 1949 – die Normalisierung der Lebensverhältnisse ist oberstes Ziel.

wurde. Die Konzeption der SPD, die unter anderem die Gefahr der Zersplitterung des Schulwesens in Zwergschulen und damit eine mangelhafte Qualität des Schulwesens ins Feld führte, konnte sich in dieser Frage nicht durchsetzen.

Der angestrebte Umbau der Wirtschafts- und Gesellschaftsordnung wurde in unterschiedlichen Bereichen in Angriff genommen. Auf die Beseitigung des Großgrundbesitzes über 125 Hektar zielte eine Bodenreform, die zugleich Siedlungsland für Flüchtlinge und Vertriebene schaffen sollte. Zunächst durch die Briten verzögert, scheiterte das vom Landtag 1949 beschlossene Gesetz schließlich an der Eigentumsgarantie des Grundgesetzes. Ein ähnliches Schicksal erlitt das Gesetz über die Sozialisierung der Kohlewirtschaft von 1948 – hier war es der Einspruch der Militärregierung, die eine so grundlegende Entscheidung einer späteren gesamtdeutschen Regierung vorbehalten wollte. Es spielte aber wohl auch der Druck der Amerikaner eine Rolle, die – anders als die Briten – grundsätzlich gegen Enteignungen waren.

So blieb es im Bereich der Wirtschaft- und Sozialordnung im Wesentlichen bei den bestehenden Regelungen. Dazu gehörte als Besonderheit die 1947 von der Militärregierung für die Arbeitnehmer in der Montanindustrie – also in den Kohlezechen, den Hochofen- und Stahlwerken sowie in der Stahlverarbeitung – eingeführte paritätische Mitbestimmung. Danach wurden die Aufsichtsräte der Unternehmen je zur Hälfte („paritätisch") von Arneitnehmern und Arbeitgebern besetzt, ein neutrales Mitglied entschied bei Stimmengleichstand. Diese besondere „Montanmitbestimmung" blieb auch nach der Verabschiedung des bundeseinheitlichen Betriebsverfassungsgesetzes von 1952 erhalten, wurde allerdings nicht auf andere Wirtschaftssektoren ausgeweitet.

Trotz aller Bemühungen der neuen Landesregierung wurde über die Grundfragen der Politik einstweilen noch an anderer Stelle entschieden. Wichtiger als die deutsche Politik zwischen Rhein und Weser war, was die Siegermächte zur gleichen Zeit ohne die Beteiligung der Deutschen planten und entschieden. Gerade in den Jahren 1947 und 1948 wurden die Weichen für die Gründung der Bundesrepublik gestellt, die als Rahmen die weitere Geschichte Deutschlands und damit auch Nordrhein-Westfalens entscheidend prägen sollte.

Ende eines Provisoriums

Die Unterbringung des Landtages ist ein Sinnbild für die beschränkten Verhältnisse, in denen sich die Landespolitik in den ersten Jahren bewegte. Nach der Eröffnungssitzung im Düsseldorfer Opernhaus fand der Landtag – wie erwähnt – sein Quartier im Theatersaal der Henkelwerke, der als einziger größerer Saal in der Landeshauptstadt von Kriegsschäden verschont geblieben war. In diesem Raum fanden jedoch auch weiterhin Theater- und Filmaufführungen für die in den Henkelwerken stationierten britischen Soldaten statt. Mehr als einmal mussten daher Sitzungen für Veranstaltungen unterbrochen werden, vom ständigen Umräumen des Mobiliars ganz zu schweigen. Es bedeutete darum mehr als nur einen kleinen Fortschritt, als der Landtag im Februar 1949 in das ehemalige Ständehaus am Schwanenspiegel umziehen konnte, wo er bis 1988 residierte.

Das 1880 für die Versammlung der Provinzialstände erbaute „Ständehaus" in Düsseldorf war nach einem entsprechenden Umbau von 1949 bis 1988 Sitz des Landtages. Heute beherbergt es – erneut stark umgebaut – die Kunstsammlung „K21".

HANS LEYENDECKER, Journalist, geboren am 12. Mai 1949 in Brühl. Nach einem Volontariat beim Stader Tageblatt war er zunächst freier Journalist, studierte Geschichte und wechselte zur Westfälischen Rundschau in Dortmund. 1979 ging Leyendecker als NRW-Korrespondent zum Spiegel, 1994 wurde er Leiter des Bonner Büros. Seit 1997 ist er leitender Politischer Redakteur der Süddeutschen Zeitung. Bekannt wurde Leyendecker 1982, als er die Flick-Affäre (Parteispendenskandal) aufdeckte. Seitdem hat er zahlreiche Skandale in Zeitungen und Büchern öffentlich gemacht: den Plutoniumschmuggel beim Bundesnachrichtendienst, die Steueraffäre um Peter Graf, die Spenden des Waffenhändlers Schreiber an Helmut Kohl, der Fussball-Wettskandal, Falschinformationen der US-Regierung vor dem Irak-Krieg und zahlreiche weitere. Leyendecker gilt als einer der bedeutendsten investigativen Journalisten des Landes. Er lebt und arbeitet in Leichlingen im bergischen Land.

Konrad Adenauer, damals Präsident des Parlamentarischen Rates, unterzeichnet am 23. Mai 1949 in Bonn das Grundgesetz für die Bundesrepublik Deutschland.

Wie soll die Politik funktionieren? Eine Verfassung für das neue Land

Nordrhein-Westfalen wird Teil der Bundesrepublik

Ende 1947 fand in London die fünfte Deutschlandkonferenz der vier Siegermächte statt. Dabei gelang es den versammelten Außenministern nicht, die unterschiedlichen Vorstellungen der drei Westmächte und der Sowjetunion über die weitere Entwicklung in Deutschland unter einen Hut zu bringen. Zu weit war die Entfremdung zwischen West und Ost schon fortgeschritten.

Nach dem Scheitern der Konferenz beschlossen die USA und Großbritannien, die ihre Besatzungszonen bereits Anfang 1947 zur „Bizone" zusammengefasst hatten, den Weg zu einem eigenen Weststaat einzuschlagen. Dieser sollte in Abstimmung mit den westlichen Nachbarn Deutschlands und unter Einschluss der französischen Zone gebildet werden. Aus der „Trizone" sollte nach den Plänen der Sieger ein neuer Staat im Westen entstehen. Am 1. Juli 1948 erhielten die Ministerpräsidenten der westlichen Länder den Auftrag, eine Verfassung für diesen neuen Staat zu erarbeiten. Dazu wurde aus Mitgliedern der Länderparlamente der „Parlamentarische Rat" gebildet, der seit dem 1. September 1948 im nordrhein-westfälischen Bonn tagte. Am 8. Mai 1949 wurde hier das Grundgesetz für die Bundesrepublik Deutschland verabschiedet und am 23. Mai 1949 feierlich verkündet. Damit war die Bundesrepublik Deutschland gegründet.

Dahin gehört Dein Kreuz

1
2
3
4
5 Karl Siemsen
6
7

Diesmal SP

Für die christliche Gemeinschaftssch

Ein klares Nein zum Volksentsc

Eine eigene Verfassung für das Land

Schon im Jahr 1946 hatten die Arbeiten an einer eigenen Verfassung für das Land Nordrhein-Westfalen begonnen. Anfang 1949 wurden die Vorbereitungen jedoch unterbrochen, um erst einmal die Fertigstellung des Grundgesetzes für die Bundesrepublik abzuwarten. Nachdem NRW Teil der Bundesrepublik geworden war, konnte 1950 eine Landesverfassung verabschiedet werden, die sich an den Rahmenbedingungen des Grundgesetzes orientierte. Im Frühjahr 1950 wurde die Verfassung im Landtag beraten und verabschiedet.

Zwar regierte in Düsseldorf immer noch eine große Koalition – lediglich die KPD war 1948 aus der Regierung ausgeschieden –, doch waren viele Themen zwischen den Parteien umstritten. Gerade über Fragen des Schulwesens sowie der Wirtschafts- und Sozialordnung wurde hart gerungen, die Koalitionen der Befürworter und Gegner wechselten von Thema zu Thema. Für den Verfassungstext waren daher Kompromisse gefragt, und sie wurden in den meisten Fällen auch gefunden. Lediglich die Frage des Schulwesens blieb bis zuletzt umstritten. So kam es zu einer Kampfabstimmung im Landtag, bei der die Verfassung mit den Stimmen von CDU und Zentrum und einer knappen Mehrheit von 13 Stimmen angenommen wurde.

Deutlich fiel dagegen das Votum der Wähler aus. Rund 3,6 Millionen Bürgerinnen und Bürger votierten bei der Volksabstimmung am 18. Juni 1950 für die Verfassung, rund 2,2 Millionen dagegen. Mit einer Zustimmung von 62 Prozent der Stimmen war die Verfassung damit angenommen.

Werbung der Parteien zur Volksabstimmung am 18. Juni 1950 über die Landesverfassung.

Faksimile der Übergangs- und Schlussbestimmungen der Landesverfassung mit Unterschriften, Düsseldorf, den 28. Juni 1950

Grundzüge der Landesverfassung

Die Präambel – jene feierliche Erklärung am Beginn einer Urkunde, die den Grundkonsens des Dokumentes ausdrückt – lässt noch heute die schwierigen Umstände erkennen, unter denen die Verfassung entstand: Dort ist vom Willen die Rede, die Not der Gegenwart in gemeinschaftlicher Arbeit zu überwinden, dem Frieden zu dienen sowie Freiheit, Gerechtigkeit und Wohlstand für alle zu schaffen. Die folgenden vier Artikel legen die Grundzüge der Ordnung fest. Danach ist Nordrhein-Westfalen ein Gliedstaat der Bundesrepublik Deutschland (Artikel 1), herrscht in Nordrhein-Westfalen das Volk (Artikel 2) und bekennt sich das Land zur demokratischen Gewaltenteilung (Artikel 3). In Artikel 4 werden die im Grundgesetz formulierten Grundrechte für Nordrhein-Westfalen übernommen und zu unmittelbar geltendem Landesrecht erklärt.

Am Beginn der Verfassung stehen also die Bekenntnisse zu Deutschland, zur Demokratie und zur Gewaltenteilung sowie zu den Menschen- und Bürgerrechten des Grundgesetzes. Ergänzend zum Grundgesetz sind Abschnitte über Familie, Schule, Kultur und Religion und die Bereiche Arbeit und Wirtschaft – später auch noch auf die Umwelt ausgeweitet – aufgenommen.

Der Souverän in Nordrhein-Westfalen ist das Volk. Es übt seine Herrschaft durch Wahlen aus, anders als im Bund aber auch durch Volksbegehren und Volksentscheide. Die Abstimmung über die Verfassung war der erste – bislang aber auch einzige – Volksentscheid.

Die gewählten Vertreter des Volkes bilden den Landtag. Er wurde anfangs für vier Jahre gewählt und bestand zunächst aus 200 (heute 181) Abgeordneten. Zwischenzeitlich war ihre Zahl erheblich höher. 1969 wurde mit einer Verfassungsänderung beschlossen, die Legislaturperiode von vier auf fünf Jahre zu verlängern, gleichzeitig wurde das Wahlalter von 21 auf 18 Jahre gesenkt. Beide Änderungen traten mit der Landtagswahl von 1975 in Kraft. Der Landtag ist für die Gesetzgebung in Nordrhein-Westfalen zuständig.

Die ausführende Gewalt liegt bei der Landesregierung. Sie besteht aus dem Ministerpräsidenten und den Landesministern. Die Zahl der Ministerinnen und Minister ist nicht festgelegt, sie richtet sich nach den Erfordernissen und den Arbeitsschwerpunkten der jeweiligen Landesregierung. So kamen neben den klassischen Ministerien (Innen, Justiz, Finanzen, Wirtschaft, Verkehr, Kultus) im Laufe der Zeit unter anderem Ressorts für Raumplanung, Umwelt, Verbraucherschutz oder Integration hinzu; andere wie das Ministerium für Wiederaufbau verschwanden hingegen.

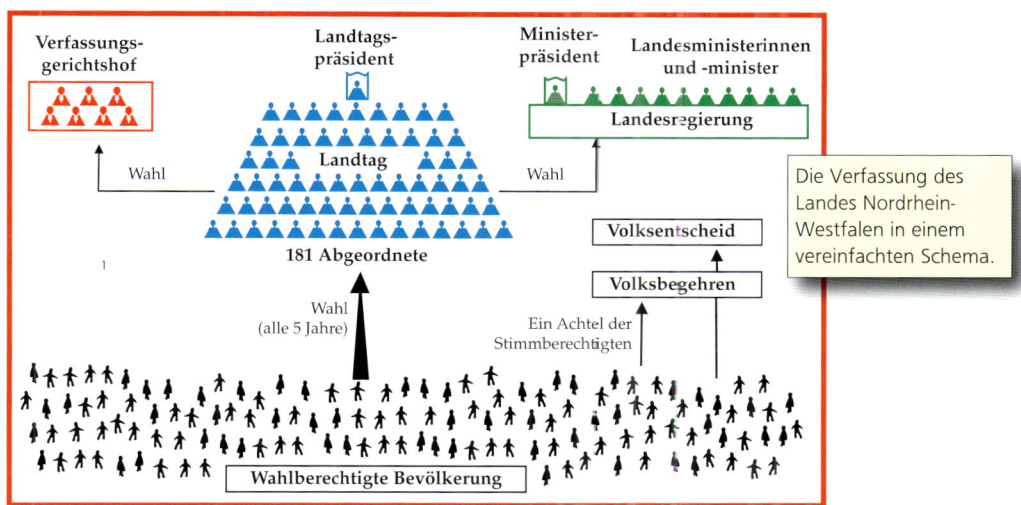

Verfassungs-
gerichtshof

Landtags-
präsident

Minister-
präsident

Landesministerinnen
und -minister

Landesregierung

Landtag

Wahl

Wahl

181 Abgeordnete

Volksentscheid

Volksbegehren

Wahl
(alle 5 Jahre)

Ein Achtel der
Stimmberechtigten

Wahlberechtigte Bevölkerung

Die Verfassung des Landes Nordrhein-Westfalen in einem vereinfachten Schema.

Als oberstes Organ der Rechtsprechung besteht der Verfassungsgerichtshof, der seinen Sitz in Münster hat. Der Verfassungsgerichtshof ist der „Hüter der Landesverfassung".

Insgesamt ist die Landesverfassung mit 92 Artikeln eher kurz. Sie ist nicht starr, sondern hat seit 1950 bereits 19 Änderungen erlebt. Auch die Landesverfassung spiegelt damit den gesellschaftlichen Wandel der vergangenen Jahrzehnte wider.

Der Landesverfassungsgerichtshof in Münster.

IRIS BERBEN, Schauspielerin, wurde am 12. August 1950 in Detmold geboren, wuchs aber in Hamburg auf. Die Schule verließ sie ohne Abitur. 1968 wurde sie für den Film entdeckt und spielte in „Der Mann mit dem Glasauge", sie nahm Tanz-, Bewegungs- und Sprechunterricht. Ab 1976 wurde sie an der Seite von Ingrid Steeger in der Serie „Die himmlischen Töchter" bekannt. In den 1980er-Jahren wurde sie mit den Serien „Das Erbe der Guldenburgs" und „Sketchup" zum Publikumsliebling, später wirkte sie in Krimi-Serien wie „Der Alte", „Derrick" und „Soko" mit. Als Kommissarin „Rosa Roth" feiert sie seit 1993 große Erfolge. Im Kino war Iris Berben 1995 in „Rennschwein Rudi Rüssel", 1998 in „Frau Rettich, die Czerni und ich", 1999 in „Bin ich schön" und 2008 in „Die Buddenbrooks" zu sehen. Iris Berben erhielt viele Preise, darunter den Bambi und die Goldene Kamera; für ihren Einsatz gegen den Antisemitismus in Deutschland wurde sie 2002 mit dem „Leo-Baeck-Preis" geehrt. 2010 wurde sie mit Bruno Ganz zur Präsidentin der Deutschen Filmakademie gewählt, zudem ist sie Kuratoriumsmitglied der Deutschen AIDS-Stiftung. Iris Berben wohnt in München und Berlin.

NRW im Bund

Mit der Gründung der Bundesrepublik Deutschland im Jahr 1949 verloren die Bundesländer ihre Eigenständigkeit. Sie wurden Teil eines größeren Ganzen, das den Bundesländern übergeordnet ist. Der Bund übernahm ab 1949 den größten Teil der Zuständigkeiten, die bisher die Länder inne gehabt hatten. Den Ländern blieb in der Folgezeit vor allem die Zuständigkeit für die Kultur, das Polizeiwesen, das Bildungswesen und das Gesundheitswesen. Daneben gibt es Bereiche wie etwa das Hochschulwesen, in denen der Bund nur Rahmengesetze erlassen kann, die dann von den Ländern ausgefüllt werden können und müssen. So sind die Kompetenzen der Länder heute – zumindest verglichen mit der Zeit vor 1949 – erheblich eingeschränkt. Man kann auch von einem deutlichen Machtverlust der Länder sprechen. Die 2006 von der damaligen großen Koalition in Berlin beschlossene Föderalismusreform hat die Kompetenzen zwischen Bund und Ländern teilweise neu geregelt und den Ländern in einigen Bereichen die alleinige Kompetenz zurückgegeben, vor allem in der Bildungspolitik und dem Beamtenrecht.

Die Länder werden weiterhin an der Gesetzgebung des Bundes mitwirken. Das dafür geschaffene Gremium ist der Bundesrat. In ihm haben alle Länder eine festgelegte Anzahl an Stimmen, die nach der Einwohnerzahl berechnet ist. Als großes und bevölkerungsreichstes Land hatte Nordrhein-Westfalen – wie Baden-Württemberg, Bayern und Niedersachsen –

Die Vertreter der Länder bei einer Beratung des Bundesrates.

bis 1990 fünf Stimmen. Seit der Wiedervereinigung im Jahr 1990 beträgt die Stimmzahl Nordrhein-Westfalens im Bundesrat sechs, wobei die Zahl der Stimmen insgesamt von 45 auf 69 angestiegen ist. Das Stimmrecht wird von der jeweiligen Landesregierung ausgeübt.

Doch zurück ins Jahr 1949. Ministerpräsident Karl Arnold ließ sich bei der ersten Sitzung des Bundesrates zum ersten Bundesratspräsidenten wählen. Unmittelbare Einflussmöglichkeiten oder gar eine Machtposition, wie man sie vielleicht für das bevölkerungsreichste Bundesland vermuten könnte, erwuchsen daraus aber nicht – das Amt wechselt seit 1950 jährlich. Karl Arnolds Versuch, in seiner Auseinandersetzung mit Bundeskanzler Adenauer Nordrhein-Westfalen zum „sozialen Gewissen der Bundesrepublik" zu erklären, waren daher nur begrenzte Erfolgsmöglichkeiten beschieden.

Nordrhein-Westfalen wurde so – anders als manche Kritiker befürchtet hatten – kein „neues Preußen", das durch seine Größe die Bundesrepublik und die anderen Länder hätte bevormunden können. In einer Hinsicht profitierte das Land aber mehr als andere Länder von der Gründung der Bundesrepublik: Nach der Wahl Bonns zur vorläufigen Bundeshauptstadt siedelten sich hier neben den Ministerien des Bundes auch zahlreiche Botschaften an, so dass die Stadt am Rhein einen ungeahnten Aufschwung nahm.

Das heutige Gebäude des Bundesrates in Berlin, das ehemalige Gebäude des preußischen Herrenhauses.

Die Stimmen der Länder im Bundesrat

	Einwohner in Millionen (Dez. 2009)	Stimmen im Bundesrat	Minister- präsident(in) (September 2012)	Regierungs- Parteien (Sept. 2012)
Nordrhein-Westfalen	17,87	6	Hannelore Kraft (SPD)	SPD/Grüne
Bayern	12,51	6	Horst Seehofer (CSU)	CSU/FDP
Baden-Württemberg	10,74	6	Winfried Kretschmann (Grüne)	Grüne/SPD
Niedersachsen	7,93	6	David McAllister (CDU)	CDU/FDP
Hessen	6,06	5	Volker Bouffier (CDU)	CDU/FDP
Sachsen	4,17	4	Stanislaw Tillich (CDU)	CDU/FDP
Rheinland-Pfalz	4,01	4	Kurt Beck (SPD)	SPD/Grüne
Berlin	3,44	4	Klaus Wowereit (SPD)	SPD/CDU
Schleswig-Holstein	2,83	4	Torsten Albig (SPD)	SPD/Grüne/SSW
Brandenburg	2,51	4	Matthias Platzeck (SPD)	SPD/Linke
Sachsen-Anhalt	2,36	4	Reiner Haseloff (CDU)	CDU/SPD
Thüringen	2,25	4	Christine Lieberknecht (CDU)	CDU/SPD
Hamburg	1,77	3	Olaf Scholz (SPD)	SPD
Mecklenburg-Vorpommern	1,65	3	Erwin Sellering (SPD)	SPD/CDU
Saarland	1,02	3	Annegret Kramp-Karrenbauer (CDU)	CDU/SPD
Bremen	0,66	3	Jens Böhrnsen (SPD)	SPD/Grüne

Stimmverteilung: Jedes Land hat mindestens drei Stimmen, ab zwei Millionen Einwohnern vier Stimmen, ab sechs Millionen Einwohnern fünf Stimmen, ab sieben Millionen Einwohnern sechs Stimmen.

Kohle für das Wirtschaftswunder

Auf den Bergmann kommt es jetzt an!

Die Kohlennot ist bereits überall zu spüren. Man erwog schon Einschränkungen im Lichtverbrauch. Aber auch diese würden nicht ausreichen, wenn der Kumpel nicht hilft. Und er will helfen. Er hat sich ab sofort bereit erklärt, bis zum 31. März zwei Sonderschichten im Monat zu fahren. „Damit wird die Winterkälte bezwungen werden", meint die Bergbauleitung. „Dank und Glückauf, Kumpel!" sagen wir.

„Auf den Bergmann kommt es jetzt an" – so titelte die Familienzeitschrift „Das neue Blatt" 1949. Das Titelbild und der Begleittext machten klar, wo der Schwerpunkt des wirtschaftlichen Wiederaufbaus nach dem Krieg lag: auf der Kohleförderung. Kohle war der wichtigste Rohstoff und Energieträger für die gesamte Wirtschaft, für den Verkehr und nicht zuletzt zum Heizen von Gebäuden. Der wirtschaftliche Neuanfang nach dem Krieg erforderte damit vor allem eine deutliche Steigerung der Kohleförderung. Damit rückte Nordrhein-Westfalen und besonders das Ruhrgebiet in den Mittelpunkt des wirtschaftliche Wiederaufbaus nach dem Krieg .

NRW als Motor des wirtschaftlichen Wiederaufbaus

Gewöhnlich gilt die Währungsreform als der Beginn des deutschen „Wirtschaftswunders", jener Phase, während der das Land innerhalb eines Jahrzehnts vom zerstörten und am Boden liegenden Kriegsverlierer zum Wirtschaftsriesen aufstieg. Tatsächlich war die Einführung einer neuen stabilen Währung in den Westzonen am 20. Juni 1948 eine wichtige Voraussetzung für die wirtschaftliche Entwicklung. Bemühungen zur Intensivierung der Kohleförderung gab es indessen schon deutlich vor der Währungsreform.

Die Briten hatten auf eine Demontage von Kohlezechen an Rhein und Ruhr bewusst verzichtet, stattdessen haben sie frühzeitig die Kohleförderung wieder zugelassen. Während an-

dere Branchen kriegsbedingt noch am Boden lagen, wurde in den Zechen 1946 schon wieder rund die Hälfte der Vorkriegsförderung erreicht. Für eine weitere Steigerung fehlten die nötigen Bergleute, nachdem die Kriegsgefangenen und Zwangsarbeiter die Zechen nach Kriegsende verlassen hatten. Mit großem Aufwand wurden daher neue Bergleute angeworben – viele aus dem Kreis der Heimatvertriebenen. Durch materielle Anreize, vor allem durch erhöhte Lebensmittel-

Amerikanische Lebensmittelpakete („CARE-Pakete") dienten 1947 als Anreiz zur Leistungssteigerung im Bergbau. Plakat der alliierten Kohlenkontrollbehörde, die den gesamten Bergbau im Ruhrgebiet organisierte

rationen, sollte die Leistung der Belegschaften verbessert werden. Nach der Normalisierung der Versorgung entschieden sich junge Männer vor allem wegen der überdurchschnittlichen Löhne und den Wohnungen in den werkseigenen Zechensiedlungen dafür, als Bergmann ins Ruhrgebiet zu ziehen.

Die erhoffte Steigerung der Produktion gelang. Die Kohleförderung im Ruhrgebiet, die 1946 bei 50 Millionen Tonnen gelegen hatte, stieg bis 1950 auf 103 Millionen und bis 1956 auf knapp 125 Millionen Tonnen pro Jahr an. Mehr als eine halbe Million Bergleute waren in diesem Jahr, dem Höhepunkt der Kohleförderung, in den Zechen über und unter Tage beschäftigt. In kleinerem Umfang waren auch die Reviere von Aachener und Ibbenbüren an dieser Entwicklung beteiligt, außerhalb Nordrhein-Westfalens wurde auch noch im Saarland Kohle gefördert.

Jahr	Förderung im Ruhrgebiet Mio. Tonnen	Förderung im Aachener Revier Mio. Tonnen	Förderung in Ibbenbüren Mio. Tonnen	Förderung in NRW (ohne Kleinzechen) Mio. Tonnen	Förderung im Bundesgebiet Mio. Tonnen	Anteilder Förderung NRW (ohne Kleinzechen)
1945	33,38	0,86	0,67	34,91	38,94	89,6 %
1946	50,45	2,13	0,78	53,36	61,83	86,3 %
1947	66,33	3,21	0,88	70,42	81,60	86,3 %
1948	81,10	4,26	0,94	86,30	99,50	86,7 %
1949	96,28	5,07	1,08	102,43	117,39	87,3 %
1950	103,32	5,45	1,18	109,95	125,73	87,4 %
1955	121,10	7,06	1,71	129,87	147,93	87,8 %
1956	124,62	7,20	1,79	133,61	151,36	88,3 %
1957	123,20	7,62	1,82	132,64	149,44	88,8 %
1960	115,44	8,18	2,09	125,71	142,28	88,4 %
1965	110,90	7,81	2,16	120,87	135,07	89,5 %
1970	91,07	6,88	2,76	100,72	111,27	90,5 %
1975	75,85	5,74	1,81	83,40	92,39	90,3 %
1980	69,13	5,12	2,19	76,45	86,57	88,3 %
1985	63,97	4,77	2,38	71,12	81,84	86,9 %
1990	54,55	3,44	2,04	60,04	69,76	86,1 %
1995	41,65	1,61	1,70	44,96	53,14	84,6 %
2000	25,88	–	1,68	27,57	33,30	82,8 %
2005	18,06	–	1,91	19,97	24,71	80,8 %
2010	9,61	–	1,97	11,57	12,90	89,7 %

Die Förderung von Steinkohle in den Bergbau-Revieren Nordrhein-Westfalens im Vergleich zur Förderung in der ganzen Bundesrepublik.

Eisen und Stahl

Wenn man vom wirtschaftlichen Wiederaufbau nach dem Krieg spricht, muss man in einem Atemzug mit der Kohle immer auch Eisen und Stahl nennen. Auch hier nahm das Ruhrgebiet – und mit ihm Nordrhein-Westfalen – den Spitzenplatz in Deutschland ein, und das trotz der Demontagen, die hier anders als bei den Kohlezechen vorgenommen wurden. Dennoch entwickelte sich der gesamte Montanbereich zum wichtigsten Wachstumsträger in ganz Deutschland. Nordrhein-Westfalen profitierte in dieser Phase davon, dass es ein altes Industrieland war und über alle notwendigen Strukturen und Einrichtungen verfügte. Dass dabei die Gelegenheit zu einem frühzeitigen Strukturwandel verpasst wurde, wissen wir aus der historischen Rückschau – in den fünfziger Jahren waren Veränderungen der Wirtschaftsstruktur noch kein Thema. Einstweilen waren in Nordrhein-Westfalen die Löhne am höchsten, die Steuerkraft am größten und die Arbeitslosigkeit die geringste in der ganzen Bundesrepublik. Das Land war der Motor für den Wiederaufbau in ganz Westdeutschland. Kohle und Stahl waren die Schlüsselindustrien für das deutsche Wirtschaftswunder.

Vom Ruhrstatut zur Montanunion

Die Aufwärtsentwicklung der Montanwirtschaft geschah unter strenger Kontrolle der alliierten Sieger. Um die deutsche Rüstungsindustrie auszuschalten und die europaweite Verteilung der Kohle sicherzustellen, wurde 1949 das „Ruhrstatut" erlassen. Es unterwarf die Produktion strengen Kontrollen. Die Deutschen waren bei seiner Formulierung nicht beteiligt. Dennoch trat die Bundesregierung dem Ruhrstatut schließlich förmlich bei, da nur so das Ende der Demontagen zu erreichen war. Zugleich hoffte man auf eine Revision des Statuts.

Im März 1951 wurde in Paris der Vertragsentwurf zur „Montan-Union" unterzeichnet. Von Links: Jean Monet, Präsident der Hohen Behörde der Montanunion, Robert Schumann, französischer Ministerpräsident und Initiator der Montanunion, Bundeskanzler Konrad Adenauer und sein Staatssekretär Walter Hallstein.

Tatsächlich dauerte es nur wenige Jahre, ehe mit der Gründung der „Europäischen Gemeinschaft für Kohle und Stahl" (der so genannten Montanunion) zwischen Frankreich, Deutschland, Italien und den Benelux-Staaten (Belgien, Niederlande, Luxemburg) im Jahr 1952 eine gemeinsame Plattform für die Montanindustrie der beteiligten Länder geschaffen wurde. Die bisherigen Beschränkungen für den Absatz der deutschen Unternehmen wurden aufgehoben. Sie konnten nun in besonderer Weise vom Koreaboom profitieren – der Krieg in Korea hatte einen Rüstungswettlauf ausgelöst und die Nachfrage nach Eisen und Stahl stark steigen lassen. Von nun an sollten Eisen und Stahl aus europäischen Ländern nicht mehr dem Kampf gegeneinander dienen, wie Bundeskanzler Adenauer bei der Unterzeichnung des Vertrages hervorhob, sondern dem gemeinsamen Miteinander. Die Montanunion wurde zum Vorläufer der späteren Europäischen Wirtschaftsgemeinschaft, der heutigen Europäischen Union.

WOLFGANG NIEDECKEN, Musiker, geboren am 30. März 1951 in Köln. Niedecken verbrachte seine Kindheit in der Kölner Südstadt, ging dann in Rheinbach (westlich von Bonn) zur Schule. Von 1970 bis 1976 studierte er in Köln Kunst. 1976 gründete er die Kölsch-Rock-Band „BAP" (Bapp ist das kölsche Wort für Vater), die er als Frontmann bis heute prägt. Inzwischen ist Niedecken das letzte verbliebene Gründungsmitglied der Gruppe. Neben den zahlreichen erfolgreichen BAP-Alben nahm Niedecken auch noch drei Soloalben auf. Daneben engagiert er sich immer wieder politisch und sozial. 1992 schrieb er den Text zur Anti-Rassismus-Hymne „Arsch huh, Zäng ussenander". Seit 2004 ist er Sonderbotschafter der Hilfsaktion „Gemeinsam für Afrika". Ende 2011 erlitt er einen Schlaganfall, der seine geplante Tournee um einige Monate verzögerte. 2012 erhielt Niedecken einen Echo-Preis für sein Lebenswerk.

Andere Wirtschaftszweige

Neben Kohle und Stahl waren auch andere Wirtschaftszweige am wirtschaftlichen Wiederaufbau beteiligt, vor allem die Bereiche Metallverarbeitung, Maschinenbau, Chemie, Fahrzeugbau, Holz-, Nahrungsmittel- und Textilindustrie. Ihre Wachstumsraten waren zwar geringer, doch trugen auch sie dazu bei, Nordrhein-Westfalen als „Arbeitshaus" der neuen Bundesrepublik zu etablieren. Auf nur 14 Prozent der Fläche und mit einem Bevölkerungsanteil von 28 Prozent bestritt Nordrhein-Westfalen Anfang der fünfziger Jahre rund 40 Prozent der westdeutschen Industrieproduktion. Während im gesamten Bundesgebiet 1950 etwa 35 Prozent aller Erwerbstätigen in Industrie und Handwerk tätig waren, waren dies in Nordrhein-Westfalen 40 und im Ruhrgebiet sogar 50 Prozent. Dabei war das Land in besonderer Weise von der Arbeiterschaft geprägt – war im Bund etwa jede zweite Erwerbsperson als Arbeiter beschäftigt, so waren dies in Nordrhein-Westfalen 55 und im Ruhrgebiet sogar 66 Prozent.

Mit dem wirtschaftliche Aufschwung normalisierte sich auch die Versorgung mit Konsumgütern. Henkel warb 1949 mit dem Slogan „Da bin ich wieder!" für sein Waschmittel Fewa. Die Anzeige für Perwoll (unten) stammt von 1949, die für Persil von 1955.

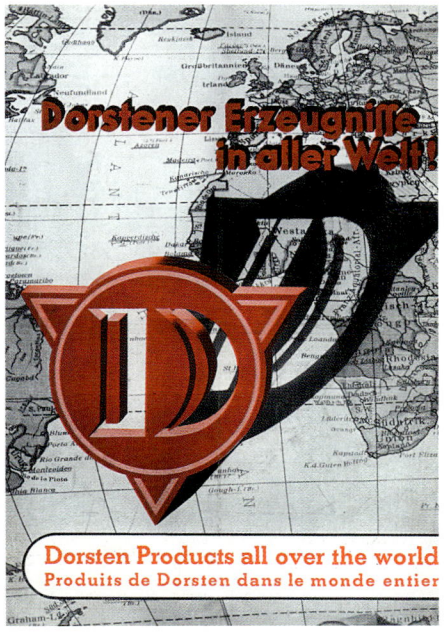

Der wirtschaftliche Erfolg des Landes ist auch an anderen Zahlen abzulesen. Die Arbeitslosigkeit war Anfang der fünfziger Jahre nur halb so groß wie im Bundesgebiet und verschwand bis Anfang der sechziger Jahre fast vollständig. Die Löhne der Industriearbeiter lagen um rund zehn Prozent über dem Bundesdurchschnitt, was wiederum dem Handel positive Impulse gab.

Natürlich gab es im Land auch Entwicklungsunterschiede. Ganze Regionen wie Ostwestfalen oder Teile des Sauerlandes, ganze Wirtschaftszweige wie die Landwirtschaft blieben hinter der Dynamik des Ruhrgebietes zurück. Aufs Ganze gesehen entwickelte sich in Nordrhein-Westfalen aber ein relativer Wohlstand. Zwar blieben die Schäden des Krieges noch lange sichtbar, doch dominierte bei vielen Menschen das Gefühl, es gehe wieder voran.

Die Dorstener Eisengießerei und Maschinenfabrik AG bot ihre Erzeugnisse 1948 schon wieder weltweit an (oben). Winkhaus in Telgte warb Mitte der fünfziger Jahre für seine Schlüsselfräsmaschine, Claas in Harsewinkel 1952 für seine neue Dreschmaschine.

JAN HOFER, Chefsprecher der Tagesschau, geboren am 31. Januar 1952 in Büderich (Landkreis Wesel). Hofer studierte Betriebswirtschaftslehre in Köln, währenddessen jobbte er in der Hörfunkredaktion der Deutschen Welle. Nach einem Volontariat bei verschiedenen Rundfunkanstalten folgten 1984 erste Fernsehmoderationen beim Saarländischen Rundfunk. 1986 kam er zur Tagesschau, 2004 wurde er ihr Chefsprecher. Daneben moderiert Hofer immer wieder verschiedene Unterhaltungssendungen, seit 1992 ist er Gastgeber der MDR-Talkshow „Riverboat". Seit November 2005 engagiert sich Hofer als Botschafter für das Kinderhospiz Mitteldeutschland, zudem ist er Sonderbotschafter des Deutschen Roten Kreuzes und EQ-Schirmherr (Ehrenamt und Qualität). Hofer wohnt in Hamburg.

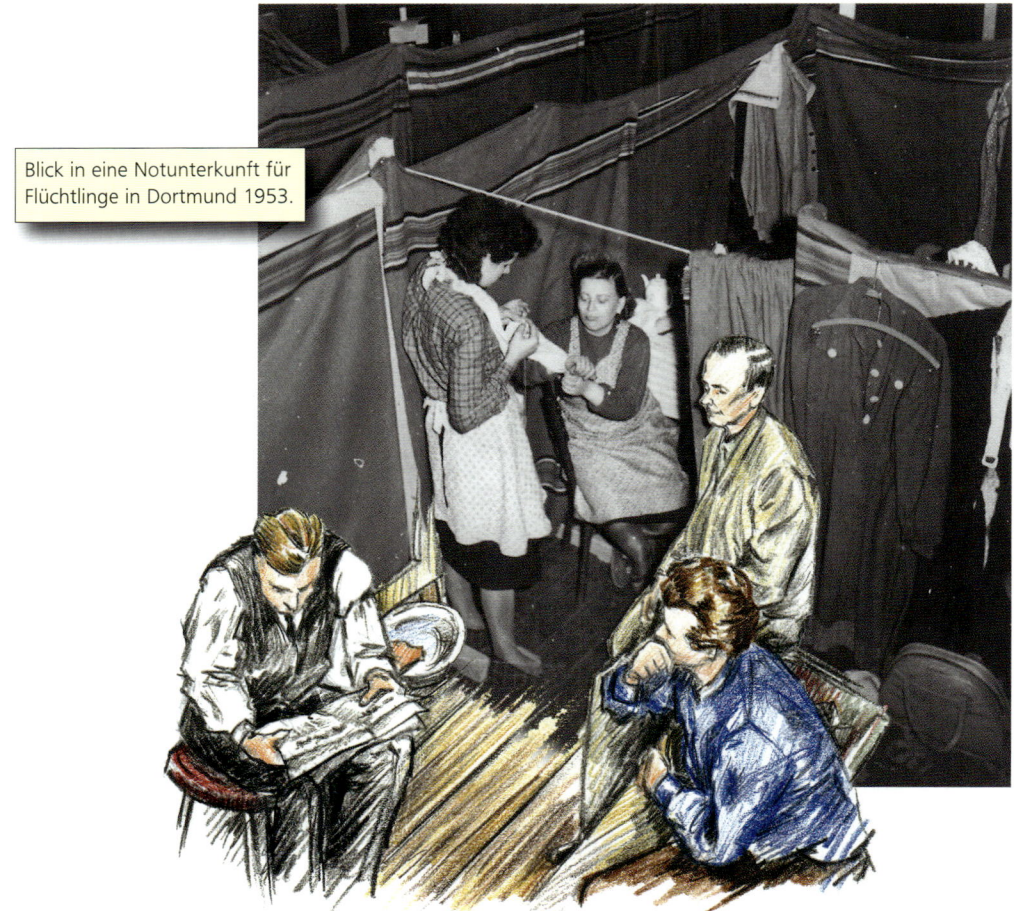

Blick in eine Notunterkunft für Flüchtlinge in Dortmund 1953.

Eine neue Heimat in NRW

Flüchtlinge und Vertriebene

Mehr als 15 Millionen Deutsche mussten am Ende des Zweiten Weltkrieges ihre Heimat im Osten Deutschlands oder in den deutschen Siedlungsgebieten in Mittel- und Osteuropa verlassen – teilweise als Flüchtlinge beim Heranrücken der Front, viele aber als Folge der Massenvertreibungen aus den deutschen Ostgebieten, die die Alliierten auf der Potsdamer Konferenz beschlossen bzw. gebilligt hatten. Rund acht Millionen Menschen gelangten in die drei westlichen Besatzungszonen, die spätere Bundesrepublik. Diese Zahl erhöhte sich in den folgenden Jahren noch einmal durch Flüchtlinge aus der Sowjetischen Besatzungszone bzw. aus der DDR.

Dass die Eingliederung dieser vielen Menschen in relativ kurzer Zeit im Großen und Ganzen gelang, war eine besondere Erfolgsgeschichte der jungen Bundesrepublik. Nordrhein-Westfalen hatte an dieser geglückten Integration einen großen Anteil.

Dabei gehörte NRW anfangs keineswegs zu den Hauptaufnahmeländern der Vertriebenen. Die meisten der Neuankömmlinge gelangten zunächst nach Schleswig-Holstein und Niedersach-

Auf einem westdeutschen Bahnhof ist 1949 ein Zug mit Vertriebenen aus Pommern eingetroffen. Ein Junge schleppt die Reste des geretteten Eigentums aus dem Zug.

sen (britische Zone) und Bayern (amerikanische Zone). Hier erreichte der Anteil der Vertriebenen ein Fünftel bis ein Drittel an der Bevölkerung.

Erst mit Beginn der planmäßigen Vertreibung aus den Gebieten östlich von Oder und Neiße kamen immer mehr Menschen auch nach Nordrhein-Westfalen. Sie wurden überwiegend in die weniger zerstörten ländlichen Gebiete Westfalens gelenkt, wo man sie unterbringen und verpflegen konnte. Bis 1946 waren knapp 700.000 Menschen ins Land gekommen, das waren 6,7 Prozent der Bevölkerung – im Ruhrgebiet und in den Großstädten am Rhein, die zunächst für den Zuzug gesperrt waren, war der Anteil nur halb so hoch. Bis 1950 stieg die Zahl der Flüchtlinge und Vertriebenen auf rund 1,4 Millionen an (10,1 Prozent der Bevölkerung), von denen ein Drittel im Rheinland und zwei Drittel in Westfalen Aufnahme

fanden. In den folgenden Jahren stieg die Zahl weiter und erreichte mit rund 13 Prozent schließlich in etwa den Bundesdurchschnitt. Jeder siebte bis achte Einwohner von Nordrhein-Westfalen war damit ein Zugewanderter.

Sie kamen – abgesehen von dem, was sie bei sich trugen – zumeist mit nichts. Oft hatten sie ihre Wohnungen innerhalb weniger Minuten verlassen müssen und waren tagelang in Güterwagen unterwegs gewesen, ehe sie an ihrem Bestimmungsort ankamen. Es sollte noch Jahre dauern, ehe sie im Zuge des Lastenausgleichs zumindest eine gewisse Entschädigung für ihren verlorenen Besitz in der Heimat erhielten.

Für die meisten der Flüchtlinge und Vertriebenen führte der Weg in die neue Heimat durch die Hauptdurchgangslager in Warburg, Siegen-Wellersberg und Wipperfürth. Von hier aus wurden die Menschen auf die Kreise und Städte verteilt, wo sie untergebracht werden mussten – in Notunterkünften, Baracken oder in Privatquartieren, die zu diesem Zweck beschlagnahmt wurden. Anfangs als billige Arbeitskräfte in der Landwirtschaft geschätzt, litten die Flüchtlinge besonders unter der nach der Währungsreform zunächst steigenden Arbeitslosigkeit.

Zusätzlich wurde die Situation der Flüchtlinge und Vertriebenen dadurch belastet, dass sie häufig auf unverhohlene Ablehnung durch die Einheimischen stießen – zum Leid über den Verlust der Heimat kamen damit noch Schwierigkeiten, in der neuen Umgebung heimisch zu werden. Ihre Hoffnungen auf eine baldige Rückkehr in die Heimat erwiesen sich mehr und mehr als Illusion, auch wenn ihr Recht auf Heimat von Politikern immer wieder beschworen wurde. Die Menschen mussten sich wohl oder übel in einer neuen Heimat dauerhaft einrichten.

Nicht nur Menschen fanden im Westen eine neue Heimat, auch ganze Unternehmen: So ging die Firma Uhlmann nach der Demontage ihrer Werksanlagen im Erzgebirge nach Westfalen und baute ab 1948 in Lippstadt eine neue Fabrik auf – die Feinstrumpfwerke Uhli in den Räumen eines ehemaligen Rüstungsunternehmens. Uhli gehörte zu den ersten, die vollsynthetische Damenstrümpfe aus Perlon herstellten. Bekannt wurde das Unternehmen durch die Zusammenarbeit mit dem französischen Modeschöpfer Christan Dior, der 1955 den Betrieb besuchte. 1958 wurde UHLI von der Falke-Gruppe aus Schmallenberg übernommen und bis 2007 betrieben. Das Bild aus den fünfziger Jahren zeigt Frauen im Uhliwerk an Strumpfmaschinen.

Arbeitskräfte für den Wiederaufbau

Wahrscheinlich lag es daran, dass die Menschen an Rhein und Ruhr seit der Industrialisierung des 19. Jahrhunderts Erfahrungen mit Massenzuwanderung hatten. Jedenfalls sah man in Nordrhein-Westfalen, das 1948 ein erstes Flüchtlingsgesetz erließ, die Vertriebenen in erster Linie als dringend benötigte Arbeitskräfte für den wirtschaftlichen Wiederaufbau. Und es war vor allem der scheinbar unendliche Arbeitsmarkt des Ruhrgebiets, der die jungen Vertriebenen anlockte.

Als nach der Gründung der Bundesrepublik erste Umsiedlungsaktionen durchgeführt wurden, um die Flüchtlinge gleichmäßiger zu verteilen, wurde Nordrhein-Westfalen zum Hauptaufnahmeland. Die berufliche Eingliederung der Vertriebenen wurde zu einem Teil des Wiederaufbaus nach dem Krieg. Fast jeder vierte Bergmann in den fünfziger Jahren war ein Heimatvertriebener.

Ein eigenes Flüchtlingsministerium hat es in NRW konsequenterweise nie gegeben. Wohl aber konnten die Betroffenen in Flüchtlingsbeiräten bei der Arbeit der örtlichen Verwaltungen mitwirken und Problemfälle vortragen, was sicherlich zur Entschärfung mancher Konflikte beigetragen hat. Dafür spricht auch, dass die Flüchtlingspartei BHE (Block der Heimatvertriebenen und Entrechteten) in Nordrhein-Westfalen nur lokale Erfolge erzielen konnte. Während sie in Schleswig-Holsten 1950 bei den Landtagswahlen auf Anhieb 25 Prozent der Wählerstimmen holte und 1953 auch den Einzug in den Bundestag schaffte, gelangte die Partei in Düsseldorf nie in den Landtag.

Wohnungsbau

Der Zustrom von Flüchtlingen und Arbeitskräften ließ die Bevölkerung rasch wachsen. Sie mussten nicht nur mit Arbeitsplätzen versorgt werden, sondern auch mit Wohnungen. Der Wiederaufbau der Städte und die Schaffung von zusätzlichem Wohnraum wurde daher zu einer Hauptaufgabe der Landespolitik. Ein regelrechter Bauboom begleitete in den fünfziger Jahren den wirtschaftlichen Aufschwung.

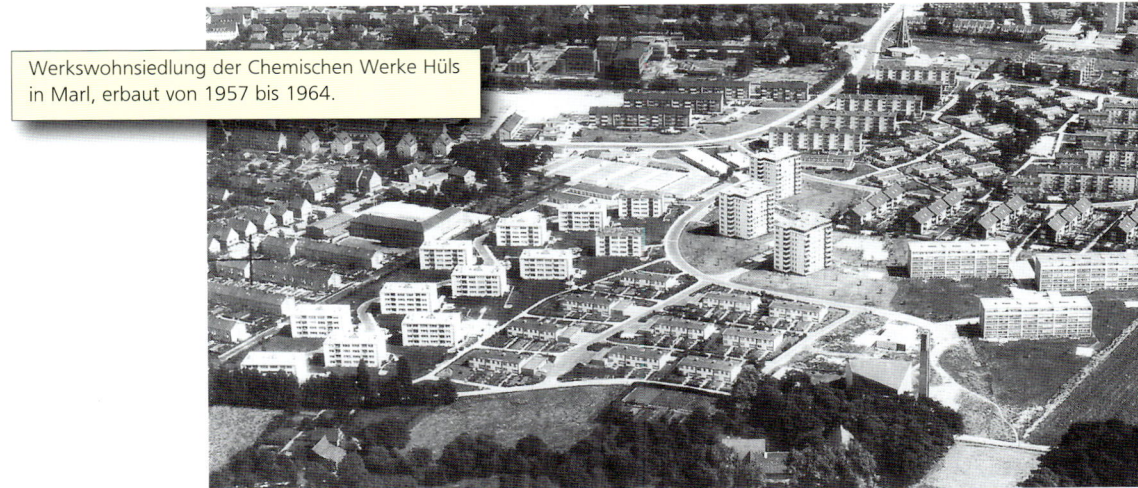

Werkswohnsiedlung der Chemischen Werke Hüls in Marl, erbaut von 1957 bis 1964.

Das Land sah den Wohnungsbau als Mittel der Sozialpolitik und kümmerte sich deshalb besonders um den sozialen Wohnungsbau. Auch einkommensschwache Bevölkerungsgruppen sollten auf diesem Weg in den Genuss bezahlbarer Mieten kommen. Daneben wurden vor allem Werkswohnungen, etwa Zechensiedlungen, sowie Kleinsiedlungen mit Eigenheimen, Stall und Garten zur Selbstversorgung der Bewohner gefördert. Später wurde die Einführung von Wohngeld richtungsweisend. Pro Jahr entstanden mehr als hunderttausend neue Wohnungen. Anfang 1955 konnte Innenminister Weyer die einmillionste Sozialwohnung in Nordrhein-Westfalen feierlich übergeben.

UWE LYKO, Kabarettist, geboren am 22. September 1954 in Duisburg. Lyko ist ausgebildeter Fernmeldetechniker, spielte aber bald vor allem Musik und Theater – in den achtziger Jahren war er Frontmann der Punkband „B1". 1988 erfand Lyko die Figur des Rentners Herbert Knebel, der alle Probleme der Welt mit seiner unverwechselbaren Ruhrpott-Schnauze („Boh, glaubse ...") bespricht. Rund um Knebel entstand die Komikerformation „Herbert Knebels Affentheater", daneben tritt Lyko aber weiterhin auch solo auf. Herbert Knebel ist regelmäßig im „U-Punkt" auf WDR 2 zu hören, außerdem ist er Stammgast in den „Mitternachtsspitzen" des WDR-Fernsehens. Hier verkörperte er u. a. mit Wilfried Schmickler die Parodie „Loki und Smoky". Im Kinderradiomagazin „Lilipuz" auf WDR 5 löst er als Kommissar Lütke mit telefonisch verbundenen Kindern fiktive Fälle. Lyko lebt im Ruhrgebiet.

Flüchtlingsstädte

Als bekannteste reine Flüchtlingsstadt entstand unter Mithilfe der evangelischen Kirche auf dem Gelände einer ehemaligen Munitionsfabrik die Stadt Espelkamp in Ostwestfalen. Kleinere Flüchtlingsorte waren etwa Lippstadt-Lipperbruch auf dem Gelände eines ehemaligen Fliegerhorstes oder Kleve-Reichswalde. Vor allem aber entstanden in fast allen Städten neue Siedlungen, deren Bezeichnungen und Straßennamen (Schlesiersiedlung, Ostpreußenstraße usw.) noch heute an die Herkunft ihrer ersten Bewohner erinnern.

Bevölkerung auf dem Gebiet des heutigen Nordrhein-Westfalen (bis 1960 Jahresdurchschnitt in Millionen, dann Stand am Jahresende)

Jahr	Bevölkerung
1930	11,407
1940	12,059
1950	12,926
1960	15,694
1970	16,914
1980	17,044
1990	17,244
2000	18,000
2005	18,058
2010	17,845

Die Entwicklung der Bevölkerung im Bereich des heutigen Nordrhein-Westfalens. 2003 war mit 18,08 Millionen Einwohnern der höchste Stand erreicht, seitdem geht sie zurück.

Ebenfalls vorwiegend für Flüchtlinge und Vertriebene wurde ab 1956 bei Bielefeld eine ganz neue Wohnsiehlung auf bis dahin unbebautem Gelände errichtet. Aus der Siedlung im Gebiet der Gemeinde Senne II sollte später die „Sennestadt" werden. Ihr Grundriss ohne rechtwinklige Straßenkreuzungen zeigt den Traum von einer autogerechten Stadt. Der ließ sich aber auch hier nicht verwirklichen.

Grundriss der auf der grünen Wiese gebauten Siedlung Sennestadt. Der Wettbewerb für den Neubau fand 1954 statt, die Ausführung begann 1956 und zog sich bis 1969 hin.

„Gastarbeiter"

Schon bald reichte der Zustrom aus dem Kreis der Heimatvertriebenen und der DDR-Flüchtlinge nicht mehr aus, um den Arbeitskräftebedarf des Wirtschaftswunderlandes zu decken. Ende 1955 schloss die Bundesrepublik ein erstes Anwerbeabkommen mit Italien, um aus den strukturschwachen Gebieten Südeuropas Arbeitskräfte nach Deutschland zu holen. Es folgten Verträge mit anderen südeuropäischen Ländern, darunter Spanien und Griechenland, 1961 schließlich auch mit der Türkei – wenige Wochen, nachdem der Bau der Berliner Mauer den Zustrom von DDR-Flüchtlingen versiegen ließ. Am 19. September 1964 konnte der millionste Gastarbeiter – so der damalige Sprachgebrauch – in Köln begrüßt werden. Erst mit der Rezession in den frühen siebziger Jahren wurde die Anwerbung gestoppt.

Entsprechend seiner Wirtschaftsstruktur zog der Löwenanteil dieser Gastarbeiter nach Nordrhein-Westfalen. Zwar kehrten viele ausländische Arbeitskräfte nach einigen Jahren wieder in ihre Heimat zurück, doch längst nicht alle. Viele blieben und ließen sich dauerhaft hier nieder. Aus befristeter Arbeitsmigration wurde eine dauerhafte Einwanderung, die die Gesellschaft vor neue Herausforderungen und Probleme stellte.

Am 10. September 1964 kam der 38-jährige portugiesische Zimmermann Armando Rodrigues de Sá mit einem Sonderzug für neu angeworbene „Gastarbeiter" nach Deutschland. Im Bahnhof Köln-Deutz wurde er zu seiner Überraschung von Vertretern der Bundesregierung, der Arbeitgeberverbände als einmillionster „Gastarbeiter" festlich empfangen. Als Geschenk der Bundesregierung wurde ihm ein Moped überreicht, anschließend musste er sich den Kamaras und Mikrofonen der Presse stellen. Rodrigues kehrte 1971 aus gesundheitlichen Gründen nach Portugal zurück und starb 1979 an Krebs.

KARL-HEINZ RUMMENIGGE, Fußballer, geboren am 25. September 1955 in Lippstadt. Der gelernte Bankkaufmann spielte ab 1963 bei Borussia Lippstadt. 1974 wechselte er als Profi zum FC Bayern München, mit den Bayern wurde er je zweimal Deutscher Meister und Pokalsieger. 1984 ging er zu Inter Mailand, 1987 zu Servette FC Genève, wo er seine aktive Karriere 1989 beendete. Zwischen 1976 und 1986 spielte er 95 mal für die Nationalmannschaft, 1980 wurde seine Mannschaft Europameister. Rummenigge galt Ende der siebziger bis Mitte der achtziger Jahre als Deutschlands bester Stürmer. 1991 wurde er Vizepräsident, 2002 Vorstandsvorsitzender des FC Bayern München. Von 2000 bis 2004 war er Teammanager der Nationalmannschaft. Für die Weltmeisterschaft 2006 in Deutschland betätigte sich Rummenigge als Internationaler Botschafter. Seit 2008 ist er Vorsitzender der European Club Association (ECA).

Westfälische Nachrichten

Münsterischer Anzeiger · Westfälischer Merkur

Jahrgang 1956 · Dienstag, 21. Februar 1956 · A · Nummer 44

Nach neunjähriger Regierungszeit:

Ministerpräsident Karl Arnold mit 102 gegen 96 Stimmen gestürzt

Eine Stimmenthaltung — Middelhauve war nicht erschienen — Steinhoff empfiehlt neue Minister

Bonn, am Montag, um 22.45 Uhr

Adenauer: Völlig neue Situation

Die Wähler wünschen von jeder Partei eine vollkommen klare Politik

Der konstruierte Sturz

Mögliche Auswirkungen der erfolgreichen „Rebellion" in NRW

Mit einem Misstrauensvotum wurde Ministerpräsident Arnold 1956 gestürzt – die Gründe dafür lagen jedoch in der Bundespolitik.

Die ersten Regierungswechsel: Arnold – Steinhoff – Meyers

Vom Aufbruch zur Konsolidierung – Arnold regiert weiter

Waren die Jahre von 1946 bis 1950 die Aufbauphase, so begann ab 1950 für Nordrhein-Westfalen eine Zeit der Konsolidierung. Die stürmischen Anfangsjahre waren vorbei, die grundlegenden Fragen zur Organisation des Landes geklärt. Weitergehende Versuche zur Neuordnung der Wirtschaft waren gescheitert, die in der Verfassung festgeschriebene Bestimmung zur Sozialisierung der Grundstoffindustrien wurde nicht umgesetzt. Das Land begann sich einzurichten.

Ministerpräsident blieb weiterhin Karl Arnold. Obwohl er gerne weiter mit der SPD regiert hätte, bildete er auf Druck Adenauers nach der Landtagswahl von 1950, die zeitgleich mit der Abstimmung über die Verfassung stattfand, eine kleine Koalition mit der Zentrumspartei. Das von Adenauer gewünschte Bündnis mit der FDP, das zu dieser Zeit auf Bundesebene schon bestand, kam in Nordrhein-Westfalen noch nicht zustande. Arnold wurde auch bei der Landtagswahl von 1954 bestätigt und fand sich nun zur Koalition mit der FDP bereit, obwohl er die Partei gerade in seinem Land für rechtslastig hielt. Tatsächlich sorgten zu dieser Zeit ehemalige Nationalsozialisten für Wirbel, die die FDP für ihre Zwecke zu unterwandern schienen.

Schwerpunkt der Gesetzgebung in den frühen fünfziger Jahren war die Ausgestaltung der Landesverfassung. 1952 beschloss der Landtag die Gemeindeordnung, 1953 die Landkreisordnung, ebenso ein Gesetz über die Landschaftsverbände. Im selben Jahr legte ein Gesetz das Landeswappen und die Landesflagge endgültig fest. Schließlich wurde auch das Gesetz über die Polizei in NRW verabschiedet. Im Jahr zuvor war ein Schulordnungsgesetz beschlossen worden, das die umstrittenen Vorgaben der Landesverfassung konkretisierte.

Willi Weyer
(1917–1987)

Weyer wurde als Sohn einer liberalen Familie (der Vater saß für die DDP im Stadtrat) im westfälischen Hagen geboren. Nach dem Abitur studierte Weyer Jura und schloss mit Staatsexamen ab. Weyer trat der FDP bei und wurde 1950 in den Landtag gewählt, 1954 wurde er Minister für Wiederaufbau im Kabinett Arnold. 1956 war Weyer (neben Wolfgang Döring, Walter Scheel und Hans-Dietrich Genscher) die treibende Kraft in der Gruppe der „Jungtürken", die den Wechsel der Koalition in Düsseldorf erzwang. Nach dem erfolgreichen Misstrauensvotum war Weyer von 1956 bis 1958 Finanzminister und Stellvertreter von Ministerpräsident Steinhoff. 1962 kehrte Weyer ins Kabinett zurück, unter Franz Meyers und später unter Heinz Kühn war er bis 1975 Innenminister und erneut stellvertretender Ministerpräsident. Von 1963 bis 1967 war Weyer zudem stellvertretender Bundesvorsitzender der FDP. Gegen Ende seiner politischen Laufbahn widmete sich Weyer immer mehr dem Sport. Bereits seit 1957 war er Präsident des Landessportbundes von NRW, von 1974 bis 1986 war er zudem Präsident des Deutschen Sportbundes. 1972 gehörte Weyer zum Organisationskomitee für die Olympischen Sommerspiele in München. 1987 starb Weyer während eines Strandspaziergangs auf der Insel Juist.

Die „Jungtürken" stürzen Arnold – Steinhoff wird sein Nachfolger

„Jungtürken" nannte man die von jungen Offizieren und Studenten getragene nationaltürkische Bewegung, die 1906 eine Modernisierung des Osmanischen Reichs anstrebte. Im Jahr 1956 ist der Begriff auch in der nordrhein-westfälischen Landespolitik eingeführt worden.

In Düsseldorf verstand man darunter eine Gruppe junger FDP-Politiker um Minister Willi Weyer und den späteren Bundesminister und Bundespräsidenten Walter Scheel. Ihr Ziel, die Eigenständigkeit ihrer Partei gegenüber dem mächtigen Koalitionspartner CDU und insbesondere gegenüber

Karikatur der Frankfurter Rundschau auf Adenauers Misserfolg mit seinem „Grabensystem".

Bundeskanzler Adenauer zu profilieren, führte sie mit der SPD zusammen. Gemeinsam stürzten sie die bisherige Regierungskoalition aus CDU, FDP und Zentrum und fanden sich zu einer neuen Landesregierung zusammen. Anlass für den „Jungtürkenaufstand" war der Versuch der CDU, auf Bundesebene ein neues Wahlsystem (das so genannte Grabenwahlsystem) durchzusetzen, das die kleinen Parteien zugunsten der großen benachteiligte.

Gemeinsam mit der SPD sprach die FDP im Landtag am 20. Februar 1956 dem bisherigen Ministerpräsidenten Karl Arnold das Misstrauen aus und wählte gleichzeitig den Fraktionsführer der SPD, Fritz Steinhoff, zum neuen Ministerpräsidenten. Der neuen Koalitionsregierung aus SPD und FDP trat auch das Zentrum bei. Es waren überwiegend bundespolitische Erwägungen, die die FDP zu ihrem Koalitionswechsel bewogen, wenngleich auch die Tatsache, dass Arnold die FDP 1950 gar nicht und 1954 nur widerwillig als Koalitionspartner akzeptiert hatte, eine Rolle gespielt haben dürfte.

Erstmals in der deutschen Nachkriegsgeschichte war damit eine Regierung durch ein konstruktives Misstrauensvotum gestürzt worden. Ebenso wie das Grundgesetz legt auch die Landesverfassung fest, dass einer Regierung nur dann das Misstrauen ausgesprochen werden kann, wenn gleichzeitig ein neuer Ministerpräsident gewählt wird. Auf diese Weise sollen negative Zufallsmehrheiten verhindert werden, die die Arbeit einer Regierung lähmen können. Auch 1966 kam der Regierungswechsel in Nordrhein-Westfalen durch ein konstruktives Misstrauensvotum zustande, auf Bundesebene gab es 1972 ein erfolgloses und 1982 ein erfolgreiches Misstrauensvotum.

Fritz Steinhoff (1897–1969)

Steinhoff wurde in Wickede bei Dortmund als eines von elf Kindern einer Bergarbeiterfamilie geboren. Ab 1911 arbeitete er in der Landwirtschaft und im Bergbau, ab 1917 nahm er am Ersten Weltkrieg teil. 1919 trat er in die SPD ein. Ab 1921 war Steinhoff erneut Bergmann, wurde 1923 aber arbeitslos und ging nach Berlin, wo er Vorlesungen an der Hochschule für Politik hörte. 1926 wurde er Volontär bei einer SPD-Zeitung, ab 1927 Parteisekretär der SPD und 1929 Stadtrat in Hagen. Nach 1933 wurde Steinhoff mehrfach verhaftet, wegen illegaler Parteiarbeit 1938 zu drei Jahren Zuchthaus verurteilt, nach der Freilassung arbeitete er als Hilfsarbeiter. Nach dem Attentat auf Hitler wurde Steinhoff 1944 ins KZ Sachsenhausen deportiert, 1945 durch die Amerikaner in Mecklenburg befreit. In NRW beteiligte sich Steinhoff an der Gründung der SPD, 1946 wurde er Oberbürgermeister von Hagen (bis 1956) und Mitglied des Landtages (bis 1961). Von 1948 bis 1950 war Steinhoff Minister für Wiederaufbau des Landes Nordrhein-Westfalen. Im Landtag wurde Steinhoff 1954 Fraktionsvorsitzender der SPD und 1956 zum Ministerpräsidenten gewählt. Nach der Wahlniederlage von 1958 blieb Steinhoff zunächst Mitglied des Landtages, gewann 1961 dann aber ein Mandat im Bundestag. 1963/64 war er erneut Oberbürgermeister von Hagen. 1969 starb Steinhoff in Hagen.

HERBERT GRÖNEMEYER, Musiker und Schauspieler, wurde am 12. April 1956 in Göttingen geboren – seine Mutter hatte dort med zinischen Rat gesucht und kehrte nach Bochum zurück, als ihr Kind vier Monate alt war. Trotz seiner auswärtigen Geburt gilt Grönemeyer als eines der Aushängeschilder des Ruhrgebietes. Schon mit zwölf Jahren gründete Grönemeyer seine erste Band, ab 1974 war er musikalischer Leiter am Schauspielhaus Bochum. Sein Studium (Musikwissenschaften und Jura) schloss er nicht ab. 1979 legte Grönemeyer sein erstes Album vor, das aber floppte. 1981 feierte er seinen Durchbruch als Schauspieler im Kinofilm „Das Boot", 1984 stellte sich mit dem Album „4630 Bochum" auch der musikalische große Erfolg ein. Es folgten zahlreiche Platten, Tourneen und Filmauftritte. Mit dem Tod seines Bruders und seiner Frau im November 1998 trafen ihn zwei schwere Schicksalsschläge. 2002 meldete er sich mit der CD „Mensch" musikalisch zurück, das sich zum meistverkauften Album der deutschen Musikgeschichte entwickelte. Grönemeyer sang die offiziellen Hymnen zur Fußball-Weltmeisterschaft 2006 und zur Eröffnung der Kulturhauptstadt Ruhr 2010. Er lebt mit seinen Kindern in London.

Da die neue Regierung nur bis zu den nächsten Landtagswahlen im Jahr 1958 im Amt blieb, hatte sie wenig Zeit um ein eigenes Profil zu entwickeln. Wegen der wirtschaftspolitischen Unterschiede zwischen den Parteien galt das Bündnis ohnehin als Sensation. Zu den Schwerpunkten der Regierung gehörte die Forschungsförderung. So wurde im Juni 1958 der Grundstein für die Kernforschungsanlage Jülich gelegt, ein Beispiel dafür, dass die Kernenergie in dieser Zeit von allen Parteien befürwortet wurde. In die Regierungszeit Steinhoffs fällt auch der Abschluss eines Vertrages mit dem Vatikan über die Bildung des Ruhrbistums Essen.

Plakate von CDU und SPD zur Landtagswahl 1958.

Beginn der Ära Meyers

Bei den Landtagswahlen von 1958 wurde der Koalitionswechsel von den Wählerinnen und Wählern nicht bestätigt – vor allem die FDP erlitt starke Verluste. Dagegen errang die CDU mit über 50 Prozent der Wählerstimmen ihren größten Wahlsieg in der bisherigen Landesgeschichte und erreichte als erste Partei im Landtag eine absolute Mehrheit. Sie befand sich jetzt ganz offensichtlich auf dem Höhepunkt ihres Einflusses. Bei der Bundestagswahl im Jahr zuvor hatte sie in NRW sogar mehr als 54 Prozent erhalten.

Die CDU konnte nun allein regieren. Neuer Ministerpräsident wurde Franz Meyers, Rechtsanwalt aus Mönchengladbach, der seit 1952 Innenminister gewesen war. Er blieb bis 1966 im Amt. Zwar verlor die CDU bei den Wahlen von 1962 die absolute Mehrheit, doch erneuerte sie ihre Zusammenarbeit mit der FDP und konnte an der Regierung bleiben. In Bund und Land regierten damit die gleichen Parteienbündnisse.

Mit Ministerpräsident Meyers begann die – im Einzelnen noch darzustellende – schrittweise Modernisierung des Landes. Dazu gehörten die Gründung von Universitäten und der Bau neuer Schulen und Krankenhäuser. 1961 gelang mit der Ansiedlung des Opelwerkes in Bochum ein großer wirtschaftlicher Coup für das bis dahin fast ausschließlich von Kohle und Stahl geprägte Ruhrgebiet.

Als „Landesvater" war Meyers die Entwicklung eines eigenen Landesbewusstseins ein großes Anliegen. Sein Versuch, dem „Bindestrichland" etwa durch die Einführung eines großen Landeswappens und eines Landesverdienstordens Identität stiftende Symbole zu geben, wurde von der Öffentlichkeit allerdings kritisch gesehen und überwiegend abgelehnt. Geblieben ist dagegen die unter seiner Regierung gegründete Kunstsammlung des Landes in Düsseldorf. Überschattet wurde seine Amtszeit von der Ende der fünfziger Jahre einsetzenden Kohlekrise, die 1966 zu seinem Sturz beitragen sollte.

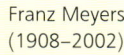

Franz Meyers
(1908–2002)

Der Sohn eines Polizisten studierte in Freiburg und Köln Jura, 1933 promovierte er. Ab 1935 arbeitete Meyers als Rechtsanwalt in Mönchengladbach. 1948 trat er der CDU bei und wurde 1950 für zwei Jahre Landtagsabgeordnete. 1952 wurde Meyers zum Oberbürgermeister von Mönchengladbach gewählt, von 1952 bis 1956 war er Innenminister von Nordrhein-Westfalen. 1957 war Meyers verantwortlich für die Organisation des Bundestagwahlkampfes der CDU und wurde Mitglied des Bundestages. Im Sommer 1958 wurde er kurzfristig Spitzenkandidat der CDU in Nordrhein-Westfalen, nachdem Karl Arnold überraschend gestorben war. Nach dem Wahlsieg der Union wurde Meyers Ministerpräsident in Düsseldorf und legte sein Bundestagsmandat nieder. Meyers versuchte, die Landesidentität zu fördern. Er verteidigte in seiner Amtszeit die Rundfunkhoheit der Länder, konnte sich mit seinem Vorhaben eines eigenen Fernsehens für NRW aber nicht durchsetzen. Gezielt setzte er sich für die Wissenschaftsförderung ein, in seine Amtszeit fiel die Gründung der Ruhr-Universität in Bochum. Weiterhin initiierte er den Aufbau einer Kunstsammlung Nordrhein-Westfalen. Im Dezember 1966 wurde Meyers durch ein konstruktives Misstrauensvotum abgelöst. Im Februar 1979 beteiligte sich Meyers an dem (erfolglosen) Versuch, eine konservative Sammlungsbewegung („Liberal-Konservative Aktion") zu gründen. Meyers starb 2002 in Mönchengladbach.

GÖTZ ALSMANN, Musiker und Moderator, geboren am 12. Juli 1957 in Münster. Alsmann studierte in Münster Germanistik, Publizistik und Musikwissenschaft, 1984 schloss er mit dem Doktortitel ab. Von 1980 bis 1988 spielte er in der Band „Sentimental Pounders", 1989 gründete er die „Götz Alsmann Band", mit der er bis heute auf Tour geht. 1985 begann er für den Rundfunk zu arbeiten, 1986 für das Fernsehen. Seit 1996 moderiert er mit Christine Westermann die WDR-Sendung „Zimmer frei!", die 2000 mit dem Adolf-Grimme-Preis ausgezeichnet wurde. Alsmann tritt auch weiterhin als Jazz-Musiker auf, seine seit 1997 vorgelegten Alben eroberten die Jazz Charts; außerdem produziert er Hörbücher. 2005 bis 2010 gestaltete und moderierte er für das ZDF „Götz Alsmanns Nachtmusik". Seit 2011 ist er Honorarprofessor der Universität Münster für Geschichte der Popularmusik. Alsmann wohnt mit seiner Familie in Münster. Sein Markenzeichen ist die Haartolle, die er schon seit seiner Jugend trägt.

Das Musterbild der heilen Familie, wie sie ein Werbe-fotograf in Essen 1960 sah: Vater, Mutter und zwei Kinder in einem modern einge-richteten Wohnzimmer.

Leben in NRW um 1960

Nach den entbehrungsreichen Jahren des Krieges und der Nachkriegszeit normalisierten sich im Laufe der fünfziger Jahre langsam die Lebensverhältnisse der Menschen. Dass dies nicht über Nacht geschah, zeigt eine Erhebung unter Paderborner Volksschülern: Im Jahr 1951 hatte jeder Dritte von ihnen kein eigenes Bett, 14 Prozent der Schüler lebten noch immer in Notunterkünften. Diese gehörten auch für viele andere Orte noch lange zum normalen Erscheinungsbild. Die Menschen sehnten sich jetzt vor allem nach Ruhe; sie versuchten sich in ihrer kleinen Welt häuslich einzurichten.

Arbeit, Familie, „heile Welt"

Das Leben der Menschen war vor allem durch zwei Faktoren bestimmt: die Arbeit und die Familie. Die Arbeitszeit der Menschen war wesentlich länger als heute und lag bei durchschnittlich 45 bis 48 Wochenstunden. Der arbeitsfreie Samstag war nicht der Regelfall, sondern ein unerreichtes Ziel der Gewerkschaften (Kampagne „Samstags gehört Vati mir!"); erst im folgenden Jahrzehnt konnte den Arbeitgebern die Fünf-Tage-Woche abgerungen werden.

Für die meisten jungen Leute begann das Arbeitsleben mit 14 oder 15 Jahren. Nach dem achten Volksschuljahr gingen sie in die Berufsausbildung, zumindest die Jungen. Ihr Ziel war in erster

Die „heile Welt" in einer Fibel für das erste Schuljahr.

Eine moderne Küche des Jahres 1950, die „Form 1000" Anbauküche. Werbefoto der Herstellerfirma Poggenpohl aus Herford.

Linie ein Beruf mit einem festen Einkommen, der zur Grundlage für gesicherte Lebensumstände und die Gründung einer Familie werden konnte. Statt einer Berufsausbildung besuchten viele Mädchen nach der Schulzeit eine Hauswirtschaftschule, in der sie auf den „Beruf" der Hausfrau vorbereitet wurden.

Im Zentrum der knapp bemessenen Freizeit stand das Familienleben. Die Zeit, als man vor allem ein Dach über dem Kopf brauchte, war glücklicherweise vorbei. Der bescheidene Wohlstand des Wirtschaftswunders rückte die ansprechende Einrichtung des Heimes in den Vordergrund. Noch war der Wohnraum beengt. Praktische Möbel wie die Schlafcouch oder Schrankbetten waren aus der Einrichtung deshalb nicht wegzudenken. Doch war es auch Zeit für erste Statussymbole, dazu gehörten das Radio oder die Musiktruhe im Wohnzimmer. Seit 1952 gab es zwar schon das Fernsehen, doch steckten das Angebot und seine technische Umsetzung noch in den Kinderschuhen – vor allem war es noch weit davon entfernt, allgemein verbreitet zu sein.

Heute erscheinen uns vor allem der Nierentisch und die Tulpenlampe als Markenzeichen einer typischen Wohnungseinrichtung in den fünfziger Jahren. Doch solche „modernen" Stilmittel waren beileibe nicht jedermans Geschmack, in vielen Wohnungen dominierte auch weiterhin der altmodischere „Gelsenkirchener Barock".

Die Leitbilder von Familie, Häuslichkeit und einer heilen Welt wurde von den Kirchen, die noch immer ein wichtiger Ordnungsfaktor waren, unterstützt. Die Frauen wurden an ihre traditionelle Rolle in Haus und Familie erinnert. Dem in der Verfassung festgeschriebene Grundsatz der Gleich-

NENA, Musikerin, mit bürgerlichem Namen Gabriele Susanne Kerner, geboren am 24. März 1960 in Hagen. Nena verließ das Gymnasium vor dem Abitur und begann eine Ausbildung als Goldschmiedin. Der Durchbruch gelang ihr 1982 mit der Single „Nur geträumt". 1983 erschien „99 Luftballons" und hielt sich 23 Wochen auf Platz eins der deutschen Charts, das Lied wurde zur Hymne der „Neuen deutschen Welle." Nach weiteren erfolgreichen Alben ging ihre Popularität Mitte der 1980er Jahre zurück, ein erster Comeback-Versuch (1996 mit dem Album „Eisbrecher") scheiterte. 1989 starb ihr behindert geborener Sohn im Alter von elf Monaten. In der Musik fand Nena neue Kraft, mit ihrem Comeback-Album „Wunder gescheh'n" stellte sich der Erfolg wieder ein. 2005 gelang ihr mit „Liebe ist" ein neuer Platz 1-Hit. 2011 kooperierte Nena mit den Atzen für die Single „Strobo Pop". Ende 2011 war sie Jurymitglied und Coach in der Castingshow „The Voice of Germany". Nena hat mittlerweile vier Kinder und lebt in Hamburg.

1980

berechtigung von Mann und Frau entsprach die gesellschaftliche Wirklichkeit noch nicht. Auch Politik war weitgehend Männersache. Frauen in politischer Verantwortung – wie die Oberbürgermeisterin Luise Albertz in Oberhausen (1946 bis 1948 und 1956 bis 1978) oder die im Oktober 1963 in Bielefeld zur Landrätin gewählte Else Zimmermann – waren die große Ausnahme. Nach der CDU-Politikerin Christine Teusch (Kultusministerin von 1947 bis 1954) sollte es noch bis in die siebziger Jahre dauern, bis wieder eine Frau in die Landesregierung berufen wurde.

Die traditionellen Rollenklischees fanden sich auch in den Massenmedien wieder. Die fünfziger Jahre waren die große Zeit des Kinos

Wohnzimmereinrichtung im Stil des „Gelsenkirchener Barocks" – hier bereits im Museum.

und des deutschen Films. Heimatfilme wie „Grün st die Heide" oder „Der Förster vom Silberwald" waren typische Unterhaltungsfilme und trugen auf ihre Weise zur Propagierung der Vorstellung einer heilen Welt bei.

Ein allgemeines Streben nach Ruhe kennzeichnete auch die Grundstimmung in der Politik. Mit ihrem Wahlslogan „Keine Experimente" traf die CDU bei der Bundestagswahl von 1957 den Zeitgeist und konnte ihn erfolgreich in Wählerstimmen umsetzen.

Keine Experimente! CDU
Konrad Adenauer

„Keine Experimente!" Plakat der CDU zur Bundestagswahl 1957.

Sport als Freizeitbeschäftigung

Neben dem Kino war der Sport die wichtigste Freizeitbeschäftigung, und zwar in erster Linie der Fußball. Sei es als aktive Spieler, sei es als Zuschauer: Der Besuch von Sportplätzen und Stadien spielte in den fünfziger Jahren für viele Menschen eine wichtige Rolle.

Ursprünglich als Sportart für die besser gestellten Bürger und Studenten nach Deutschland gekommen, hatte der Fußball in der Zwischenkriegszeit auch in der Arbeiterschaft Interesse gefunden. Erstmals hatte Fortuna Düsseldorf 1933 die deutsche Meisterschaft in den Westen geholt, gefolgt von sechs Meisterschaften des FC Schalke 04 bis 1942. Nach dem Zweiten

Weltkrieg erlebte der Fußball einen ungeahnten Aufschwung und wurde zu einem wirklichen Massenspektakel. NRW entwickelte sich zu einer Fußballhochburg in Deutschland. In drei Regionalverbände gegliedert (Niederrhein, Mittelrhein und Westfalen), erhielt NRW ab der Spielzeit 1947/48 mit der „Oberliga West" eine eigene obere Spielklasse. Hier war allerdings nicht Vorkriegsdauersieger Schalke 04 die dominierende Mannschaft, sondern der Rivale aus dem östlichen Ruhrgebiet: Borussia Dortmund. Bis 1963 holte der BVB sechs Westmeisterschaften. Der 1950 aufgestiegene 1. FC Köln war fünfmal erfolgreich, Schalke 04

E n Oberligaspiel des SV Sodingen Mitte der fünfziger Jahre. Das Stadion in Sodingen (ein Stadtteil von Herne) wurde vom Förderturm der Zeche „Mont Cenis" überschattet.

und Rot-Weiß Essen je zweimal, Westfalia Herne einmal.

Bei den deutschen Meisterschaften – eine Endrunde der Oberliga-Vertreter – waren Westvereine in den fünfziger und frühen sechziger Jahren ebenfalls sehr erfolgreich. Erster Finalist aus NRW wurde im Jahr 1949 Borussia Dortmund, unterlag aber dem VfR Mannheim, ebenso Preußen Münster 1951 im Finale gegen den 1. FC Kaiserslautern. Die folgenden Jahre sahen mit Rot-Weiß Essen (1955), dem BVB (1956, 1957, 1963), Schalke 04 (1958) und dem 1. FC Köln (1962) sechsmal Meister aus Nordrhein-Westfalen. Dazu holten Rot-Weiß Essen (1953), Schwarz-Weiß Essen (1959) und Borussia Mönchengladbach (1960) den deutschen Fußballpokal. Rot-Weiß Essen war zugleich die erste Vereinsmannschaft, die den deutschen Fußball international vertrat. Als amtierender Meister des Jahres 1955 nahm die Mannschaft am neu geschaffenen Europapokal der Landesmeister teil.

Der vielleicht bekannteste Fußballer aus Nordrhein-Westfalen in den fünfziger Jahre war Helmut Rahn von Rot-Weiß Essen, der Schütze des Siegtreffers gegen Ungarn bei der Weltmeisterschaft von 1954. Doch auch andere Spielerpersönlichkeiten wurden legendär: Aus der WM-Mann-

SÖNKE WORTMANN, Regisseur, geboren am 25. August 1959 in Marl. Nach dem Abitur war Wortmann drei Jahre Fußballprofi beim Zweitligisten Westfalia Herne, entschied sich dann aber für ein Studium. In München studierte er Regie an der Hochschule für Film und Fernsehen und erregte mit seinem Abschlussfilm „Drei D" großes Aufsehen, als er für einen Oscar in der Kategorie „Student Film" nominiert wurde. 1991 feierte er mit „Allein unter Frauen" sein erfolgreiches Kinodebüt, 1992 wurde sein Film „Kleine Haie" mit dem Bundesfilmpreis ausgezeichnet. 1993 unterschrieb er einen Vertrag bei Produzent Bernd Eichinger für mehrere Filme. Es entstanden Erfolge wie „Das Superweib" und „Charleys Tante", vor allem aber „Der bewegte Mann" (1994), der mit über sechs Millionen Besucherinnen und Besuchern zu einem der erfolgreichsten Filme des deutschen Kinos wurde. 1998 folgte „Der Campus", anschließend weniger erfolgreicher Filme. 2003 konnte Wortmann mit „Das Wunder von Bern" einen weiteren großen Erfolg landen, ebenso wie mit dem Dokumentarfilm „Deutschland – ein Sommermärchen" über die Fußballweltmeisterschaft 2006. Wortmann lebt lebt in Köln und Los Angeles.

schaft von 1954 vor allem Toni Turek (Fortuna Düsseldorf) und Hans Schäfer (1. FC Köln). Der Dortmunder Alfred „Aki" Schmidt, Hans Tilkowski von Westfalia Herne, Berni Klodt von Schalke 04, Fritz Herkenrath von Rot-Weiß Essen oder die späteren Italien-Profis Horst Szymaniak, Karl-Heinz Schnellinger und Albert Brülls waren Eckpfeiler ihrer Vereine und gehörten zu den Leistungsträgern der Nationalmannschaft. Doch auch zum Selbstwertgefühl der Deutschen leistete der Fußball seinen Beitrag. Das „Wunder von Bern", der Gewinn der Fußballweltmeisterschaft im Jahr 1954, war ein wichtiger Beitrag für das Selbstbewusstsein der Nachkriegsdeutschen.

Nicht nur „heile Welt"

Natürlich waren die Lebensverhältnisse um 1960 in Nordrhein-Westfalen nicht für alle Menschen gleich, und das Bild der fünfziger Jahre bedarf einiger Differenzierungen. Unverändert gab es den sozialen Unterschied

Demonstration gegen das neue Betriebsverfassungsgesetz.

zwischen arm und reich, ebenso wie es neben dem Kino als Unterhaltung breiter Bevölkerungsschichten auch weiterhin das gehobene Kulturleben mit Theatern und Konzerten gab. Neben dem Fußball gab es andere Sportarten, die die Menschen begeisterten. Auch die Unterschiede zwischen den Regionen des Landes waren ausgeprägter als heute, zudem bestanden erhebliche Unterschiede zwischen Stadt und Land. Die ländlichen Regionen blieben wirtschaftlich und kulturell gegenüber den Städten noch lange rückständig.

Vor allem aber waren die fünfziger Jahre trotz der allgemeinen Grundstimmung keineswegs unpolitisch. Große politische Demonstrationen fanden in diesen Jahren statt, etwa im Zusammenhang mit den Diskussionen über das Betriebesverfassungsgesetz oder die Wiederbewaffnung in den frühen und mittleren fünfziger Jahren. Da diese Kampagnen von den Gewerkschaften mitgetragen wurden, brachten sie in Nordrhein-Westfalen besonders viele Menschen auf die Straße. Ende der fünfziger Jahre kam die Angst vor einer möglichen atomaren Bewaffnung der Bundeswehr hinzu; unter der Parole „Kampf dem Atomtod" protestierten 1959 zahlreiche Menschen in verschiedenen Großdemonstrationen.

Eine neue Jugendkultur: Rock'n'Roll und Halbstarke

In die Mitte der fünfziger Jahre fielen schließlich auch die Anfänge einer eigenen, nicht angepassten Jugendkultur. Sie orientierte sich an Vorbildern aus den USA, an James Dean und dem Rock'n'Roll. Wie ihre Idole trugen die Jugendlichen Lederkleidung oder eine Haartolle wie Elvis Presley. Sie fuhren mit Mopeds oder Motorrädern durch die Städte und traten zumeist in Gruppen auf. Die Erwachsenen standen diesen „Halbstarken" mit wenig Verständnis gegenüber und empfanden ihr Verhalten als Provokation.

In vielen Städten kam es in der Mitte der fünfziger Jahren nach Rock'n'Roll-Konzerten oder entsprechenden Filmen zu Krawallen und Schlägereien unter den Jugendlichen, aber auch zu Zusammenstößen mit der Polizei. Bei einer Auseinandersetzung zwischen Jugendlichen aus Iserlohn und Schwerte gab es 1958 sogar einen Toten. Der bis dahin größte Jugendprozess im Nachkriegsdeutschland endete 1959 vor dem Landgericht Hagen mit zahlreichen Verurteilungen.

Es war nur ein kleiner Teil von vielleicht zehn Prozent aller Jugendlichen, die auf diese Weise versuchten aus den beengten häuslichen Verhältnissen auszubrechen und eine eigene Identität gegenüber der als spießig empfundenen Gesellschaft zu suchen. Mit den späteren Studentenprotesten hatten diese Formen der Jugendkultur noch nichts zu tun. Die Mitglieder der Jugendcliquen und James-Dean-Clubs, die vielerorts entstanden, waren vor allem junge Arbeiter und Lehrlinge. Übrigens funktionierte das geschlechtsspezifische Rollenklischee auch in dieser „Szene": Die „Rockerbräute" hatten in den Gruppen nichts zu sagen. Sie waren allenfalls auf dem Rücksitz und als Beifahrerin akzeptiert.

Plakat für einen Film mit James Dean – dem Jugendidol der fünfziger Jahre.

Der Autoscooter war eine Jahrmarktattraktion der fünfziger Jahre. Hier konnten Jugendliche ihre Fahrkünste vor den Augen der Zuschauerinnen und Zuschauer vorführen.

Das alles gibt es zu kaufen: Staunende Kinder vor einer Schaufensterscheibe Anfang der sechziger Jahre.

Auf dem Weg zur modernen Wohlstandsgesellschaft

Seit den sechziger Jahren erlebten die Menschen in NRW – wie überhaupt in Deutschland – eine tiefgreifende Modernisierung in nahezu allen Bereichen ihres Lebens. Im Laufe dieser Entwicklungen sollte sich das Land stärker als in den Jahrzehnten zuvor verändern. Man vertraute auf den technischer Fortschritt, erlebte eine bisher unbekannte Mobilität – und überhaupt freiere Lebensverhältnisse. Alles sollte schöner, besser, moderner werden. Nach dem Wiederaufbau in den vierziger und fünfziger Jahren blickte man optimistisch in die Zukunft. Zwar gab es bald die ersten Rückschläge in der Wirtschaftsentwicklung. Aber unverkennbar entstand in dieser Zeit die moderne Wohlstandsgesellschaft.

VW-Werbung 1954.

Das Land wird mobil

Ein zentrales Merkmal dieser Modernisierung war die Massenmotorisierung. Erst jetzt begann der Siegeszug des Autos.

Regen, Sturm oder Sonnenschein – geborgen im REKORD bei jedem Wetter. Kursstabilität bei Seitenwind, beruhigend gute Straßenhaftung – für Sicherheit ist vorgesorgt. Genauso für die Behaglichkeit. Komfortabel und bequem ist dieser Wagen. Leicht und mühelos fährt man ihn, Ein Wagen, wie geschaffen für die Dame des Hauses – ein Wagen, der gut aussieht und – in dem man gut aussieht.

REKORD DM 6385.- a.W.   OPEL *der Zuverlässige*

Informieren Sie sich über die Modelle mit automatischer Kupplung

ADAM OPEL AG · RÜSSELSHEIM A.M. · OPEL-Dienst im In- und Ausland

Opel-Werbung 1959.

Hatte es 1950 rund eine halbe Million Personenkraftwagen in NRW gegeben, so lag die Zahl 1965 schon bei rund drei Millionen. Bis 1990 verdreifachte sich die Zahl der Autos erneut und stieg bis zum Jahr 2000 auf 10,7 Millionen Fahrzeuge. Bei rund 18 Millionen Einwohnern kommt damit in NRW auf weniger als zwei Menschen ein Auto – praktisch ist also jeder motorisiert. Das Auto ist aus dem täglichen Leben nicht mehr wegzudenken.

Nicht nur die enorm gestiegene Fahrzeugzahl führte zu Problemen, auch die häufigere Nutzung des Autos für alle Gelegenheiten. Das Auto wurde und wird nicht nur für die Fahrt zur Arbeit oder den sonntäglichen Ausflug genutzt, sondern bei vielen Gelegenheiten.

Das Idealbild der mobilen Gesellschaft erforderte den Bau neuer Straßen, der mit großem Aufwand betrieben wurde. Allerdings konnten die Neubauten mit dem Zuwachs der Fahrzeuge kaum Schritt halten – allein schon deshalb, weil Nordrhein-Westfalen in besonderem Maße ein Durchgangsland für den europäischen Transitverkehr ist. Immerhin entstand seit den fünfziger Jahren ein dichtes Netz von Autobahnen und Bundesstraßen, die das Land zu einer der am besten erschlossenen Region in Deutschland werden ließen.

Die verbesserte Mobilität hatte Auswirkungen auf die Siedlungsweise. Viele Menschen verließen die Städte und zogen in das ländliche Umland. An vielen Orten entstanden „Trabantenstädte" oder auch „Schlafstädte". Hier konnte man in ländlicher Umgebung wohnen, den Vorteil der sauberen Luft genießen und die Kinder ungefährdet aufwachsen lassen. Der Preis dafür waren – und sind – sich täglich wiederholende Verkehrsstaus, wenn die Pendler aus den Vororten zu ihren Arbeitsplätzen per Auto in die Stadt fahren.

Der tägliche Stau auf der Autobahn – ein Bild aus der Zeit um 1970.

Zur Wohlstandsgesellschaft gehört eine ausreichende Freizeit: Bei der Maikundgebung in Gelsenkirchen 1961 stand die Forderung für die Einführung der Fünf-Tage-Woche im Mittelpunkt.

Die damit verbundenen Umweltprobleme liegen auf der Hand. Die erste Ölkrise von 1973 leitete hier ein Umdenken ein, und es kam zur starken Förderung des öffentlichen Personenverkehrs – vor allem die U- und S-Bahnen in den Ballungsräumen wurden stark erweitert, die Tarife vereinfacht, Taktverkehre eingeführt. Der verbesserte Nahverkehr hat die Straßen entlastet – aber die steigende Zahl der Autos hat diesen Vorteil bislang regelmäßig wieder ausgeglichen.

Zur Lösung der Verkehrsprobleme wurden besonders in den sechziger und siebziger Jahren zahlreiche neue Straßen und Autobahnen gebaut – im Bild das Kreuz Kaiserberg in Duisburg.

Mühsamer Weg in den Süden: Stau auf der Straße am Reschenpaß 1957.

Tourismus

Ein weiterer Aspekt der Wohlstandsgesellschaft war und ist die zunehmende Freizeit. Den Gewerkschaften gelang es in den sechziger Jahren nicht nur höhere Löhne, sondern auch eine deutliche Verkürzung der Arbeitszeit durchzusetzen. Die Fünf-Tage-Woche wurde seit dieser Zeit die Regel, daneben erkämpften die Arbeitnehmervertretungen auch einen längeren Urlaub.

Die Menschen nutzten ihre neu gewonnene Freizeit und begannen zu reisen. Seit den fünfziger Jahren waren die Herkunftsländer der Gastarbeiter beliebte Reiseziele geworden. An erster Stelle stand Italien, das klassische deutsche Urlaubsand. Bald strömten die Deutschen zu Hunderttausenden in den Süden, schließlich zu Millionen. Anfangs häufig im Bus, dann immer mehr im eigenen PKW, und schließlich per Flugzeug „eroberten" die Deutschen als Reiseweltmeisterinnen und -weltmeister immer mehr Urlaubsländer in Europa und in der ganzen Welt.

Doch bald kam der Urlaub auch zu ihnen. Italienische Eisdielen brachten seit den fünfziger Jahren südliches Lebensgefühl in den Norden. In den siebziger Jahren folgten die Pizzerien und machten Pasta und Pizza hierzulande heimisch. Ein fast südlich anmutendes Flair mit Straßencafes, Sonnenschirmen und Kübelpflanzen findet man mittlerweile in den Fußgängerzonen fast aller nordrhein-westfälischen Städte.

CAMPINO, Musiker, mit bürgerlichem Namen Andreas Frege, geboren am 22. Juni 1962 in Düsseldorf. Frege wuchs in Mettmann auf, den Künstlernamen entlieh er sich von einem Zauberer. 1982 gründete er aus zwei Düsseldorfer Punk-Bands die Deutsch-Punk-Gruppe „Die Toten Hosen". Die erste Single „Eisgekühlter Bommerlunder" erschien 1983 und avancierte bald zum Klassiker. Mit dem Song „Hier kommt Alex" und dem Album „Ein kleines bisschen Horrorshow" schaffte die Band 1988 den Durchbruch. 1995 gründete Campino ein eigenes Label, dessen erstes Album „Opium fürs Volk" Platz eins der Charts erreichte. 2005 nahmen „Die Toten Hosen" an dem von Sir Bob Geldof initiierten „Live 8" Festival teil, das sich für einen Schuldenerlass der ärmsten Länder einsetzte; 2007 gehörte er zu den Musikern, die in Rostock mit einem Konzert gegen das G 8-Treffen in Heiligendamm protestierten. Campino lebt mit seiner Familie in Berlin.

Lebensstandard

Das eigene Auto und die jährlichen Urlaubsreisen waren wichtige Anzeichen dafür, dass der Lebensstandard im Land stieg. Der wachsende Wohlstand zeigte sich aber auch daran, dass sich die Menschen immer mehr leisten konnten. In den fünfziger Jahren wurde das wenige Geld, das zur freien Verfügung blieb, zum großen Teil für Lebensmittel ausgegeben – man sprach sogar von der „Fresswelle". Dann aber kauften die Menschen immer mehr teure und langlebige Konsumgüter. Dazu gehörten vor allem elektrische Haushaltsgeräte, die das Leben und die Hausarbeit erleichterten. Ein Fernsehapparat, ein Kühlschrank oder eine elektrische Waschmaschine waren anfangs echte Statussymbole, die nur wenige besaßen. Im Laufe der Jahrzehnte änderte sich das grundlegend: 1953 etwa besaßen nach einer Umfrage neun Prozent aller Haushalte einen Kühl-

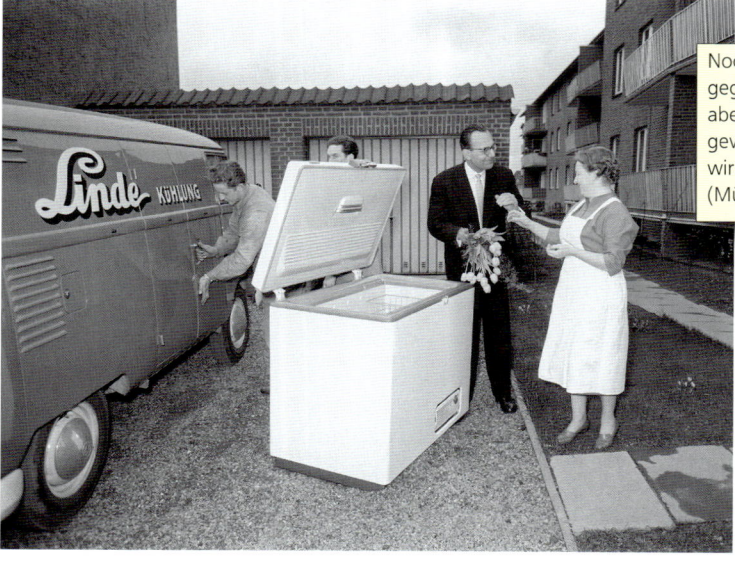

Noch ist die Skepsis groß gegenüber Kühltruhen – aber das bei einer Lotterie gewonnene Exemplar wird doch freudig begrüßt (Münsterland, um 1960).

schrank und 26 Prozent einen Staubsauger. Zehn Jahre später gab es diese Gegenstände in jedem zweiten Haushalt, und heute ist in Nordrhein-Westfalen praktisch jede Wohnung damit ausgestattet. Der Charakter der Hausarbeit änderte sich damit grundlegend – was der wöchentliche Waschtag ohne Waschmaschine für die Hausfrau bedeutet hatte, ist für viele längst vergessen. Auch Zentralheizungen, eigene Badezimmer mit fließendem Wasser und eine eigene Toilette wurden erst in den letzten Jahrzehnten zum Standard in den Wohnungen und Häusern.

Ein hoher Lebensstandard umfasst aber auch Leistungen, die nicht einfach „gekauft" werden können. Dazu gehören eine gute medizinische Versorgung mit Ärzten und Krankenhäusern ebenso wie eine soziale Absicherung aus Sozialversicherungen (Renten-, Kranken- Pflege- und Arbeitslosenversicherung) und aus staatlichen Leistungen. Die deutschen Verhältnisse, die Sicherungen des seit den fünfziger Jahren stark erweiterten „soziale Netzes", gelten in vielen Ländern als vorbildlich. Auch wenn die Sozialleistungen in Zukunft den geringeren wirtschaftlichen Möglichkeiten der öffentlichen Haushalte angepasst werden müssen, wird dieser im internationalen Vergleich sehr hohe Standard sicherlich erhalten bleiben.

Siegeszug des Fernsehens

Neben der Massenmotorisierung ist das Fernsehen sicherlich ein zentrales Symbol für die Veränderungen im Leben der Menschen in den letzten Jahrzehnten. Dabei ist diese Erfindung deutlich jünger als die des Automobils. Nach Versuchen in der dreißiger Jahren kam es erst in den fünfziger Jahren zur entscheidenden Weiterentwicklung.

Ende 1952 liefen die ersten Versuchssendungen des damaligen Nordwestdeutschen Rundfunks. Empfangen werden konnten sie nur von Wenigen – zu Weihnachten 1952 gab es in Köln ganze 200 Fernsehgeräte. Auch in den folgenden Jahren musste man vielfach in Gaststätten gehen, um Bilder aus der „Flimmerkiste" sehen zu können, etwa während der Fußballweltmeisterschaft von 1954.

Heute können sich junge Menschen ein Leben ohne Fernsehgerät praktisch gar nicht mehr vorstellen. Eine ähnliche, aber noch viel raschere Entwicklung gab es in den letzten Jahren bei den Computern und beim Internet. Beides ist zum festen Bestandteil der Freizeit bei Jugendlichen jeden Alters geworden, aber auch unverzichtbare Ausstattung am Arbeitsplatz.

Medien werden zur Selbstverständlichkeit: Oben die „Schallplatten-Bar" in einem Kaufhaus, unten der Blick in ein Fernsehgeschäft Anfang der sechziger Jahre.

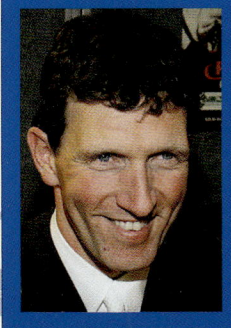

LUDGER BEERBAUM, Springreiter, geboren am 26. August 1963 in Detmold. Nach dem Abitur begann er in Göttingen ein Studium der Betriebswirtschaft, brach es aber nach kurzer Zeit ab, um sich ganz der Springreiterei zu widmen. Schon 1981 wurde Beerbaum Vizemeister der Junioren und 1982 Vizemeister der Jungen Reiter. 1984 errang er den Dritten Platz bei der EM der Jungen Reiter. 1985 begann er im Stall Paul Schockemöhles als Reiter zu arbeiten, 1988 wechselte er zum Reitstall Moksel. 1992 gewann er bei den olympischen Sommerspielen die Goldmedaille im Einzel. Es folgten 1996 die olympische Mannschafts-Goldmedaille, 1997 der Doppeleuropameistertitel, 1998, 1999 und 2003 die Mannschafts-Goldmedaille bei den Weltmeisterschaften, 2001 die Goldmedaille im Einzel. Beerbaum lebt seit 1995 mit seiner Familie auf einem eigenen Anwesen in Riesenbeck (bei Rheine).

An der Essener Straße in Oberhausen nahm der Fotograf 1961 ganz bewusst den Dreck mit ins Bild. Inzwischen ist das Hüttenwerk stillgelegt, an seiner Stelle steht das Einkaufszentrum „CentrO".

Blauer Himmel über der Ruhr: Die Entdeckung der Umwelt

„Smog" – ein neues Wort für ein altes Problem

Im Jahr 1973 erregte der vom Westdeutschen Rundfunk produzierte Film „Smog" von Autor Wolfgang Menge und Regisseur Wolfgang Petersen die Gemüter. Gezeigt wurde eine täuschend echte Simulation eines Smogalarms in einer westdeutschen Großstadt. Was wie Science Fiction wirkte, hatte einen realen Kern, denn bereits 1964 hatte das Land Nordrhein-Westfalen einen „Plan zur Verhinderung smogähnlicher Erscheinungen bei austauscharmen Wetterlagen" erlassen. Die als „Smog" bezeichnete Luftverschmutzung (das Wort ist eine Zusammenziehung aus den englischen Wörtern „smoke" für Rauch und „fog" für Nebel) entsteht bei bestimmten Wettersituationen über größeren Stadtgebieten, wenn die Abgase von Heizungen, Autos und Fabriken nicht abziehen können. Die Folgen sind erhebliche Atem- und Gesundheitsstörungen. Es sollte nicht lange dauern, bis die Vision Wirklichkeit wurde: Anfang 1979 wurde für das Ruhrgebiet und den Niederrhein erstmals die Alarmstufe I ausgelöst, am 17. Januar 1985 folgte dann erstmals die Alarmstufe III mit Fahrverboten und Einschränkungen für bestimmte Industriezweige für das gesamte Ruhrgebiet. Erst drei Tage später konnte Entwarnung gegeben werden. Heute gilt das Problem „Smog" als gelöst, da in der Industrie und in den privaten Haushalten kaum noch Kohle als Energiequelle verwendet wird.

In unmittelbarer Nähe von Industrieanlagen gehörten Umweltschäden zum gewohnten Bild – hier im Juni 1960 in Herten. Erst mit Filtern und höheren Schornsteinen sollte sich das Bild ändern.

Umweltprobleme als Erbe der Industrialisierung

Als altes Industrieland hatte Nordrhein-Westfalen schon lange besondere Umweltbelastungen zu ertragen – verschmutze Flüsse und abgeholzte Wälder gab es in einigen Gegenden seit Jahrhunderten. Mit den immer neuen Fabriken im Ruhrgebiet stieg dann vor allem das Problem der Luftverschmutzung an. Lange Zeit wurde dies als unvermeidbar hingenommen – ganz im Gegenteil, rauchende Schornsteine galten als Symbol für wirtschaftlichen Aufschwung. Qualm, Gestank und verschmutzte Luft gehörten in Industriestädten zum Alltag. Die mühsam weiß gewaschene Wäsche wurde in den Industriestädten an Rhein und Ruhr schnell wieder grau.

Anfang der sechziger Jahre wurden jährlich rund 600.000 Tonnen Schwefeldioxid, Kohlenmonoxid, Chlor, Stickstoffdioxid, Schwefelwasserstoff und andere Stoffe in die Luft geblasen und fielen auf das Land herab. Die Folgen waren an vielen Orten eine überdurchschnittlich hohe Anzahl von Atemwegserkrankungen, bis hin zu vermehrt auftretendem Lungenkrebs.

Doch nicht nur die Luft war betroffen. Medienberichte über Fischsterben lenkte die Aufmerksamkeit der Öffentlichkeit auf die mangelhafte Qualität des Wassers. Betroffen war aber auch der Boden, der an alten Industriestandorten nicht selten mit giftigen Altlasten verseucht war. Auch die zunehmende Versiegelung des Bodens für Wohn-, Gewerbe- und Verkehrsflächen erwies sich als problematisch.

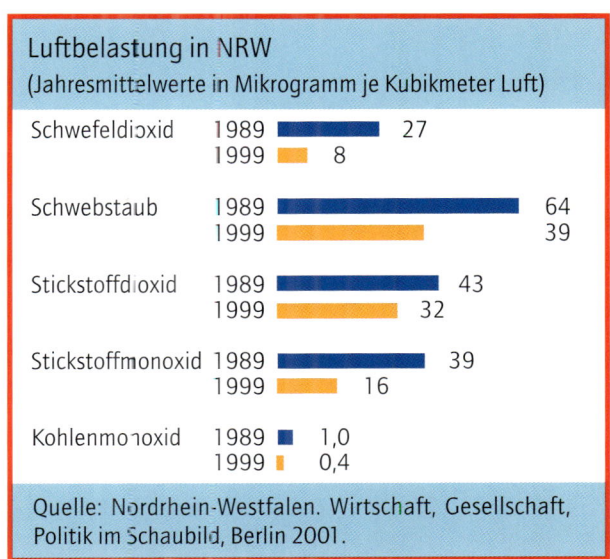

Luftbelastung in NRW
(Jahresmittelwerte in Mikrogramm je Kubikmeter Luft)

Schwefeldioxid	1989	27
	1999	8
Schwebstaub	1989	64
	1999	39
Stickstoffdioxid	1989	43
	1999	32
Stickstoffmonoxid	1989	39
	1999	16
Kohlenmonoxid	1989	1,0
	1999	0,4

Quelle: Nordrhein-Westfalen. Wirtschaft, Gesellschaft, Politik im Schaubild, Berlin 2001.

Umweltproblem Verkehr: Zwar ist die Belastung durch Abgase dank neuer Filtertechniken gesunken, das Problem Lärm ist aber geblieben. Das Bild aus den sechziger Jahren zeigt den „Ruhrschnellweg" (heute A 40), der in Essen mitten durch dichtbesiedelte Wohngebiete führt.

All diese Probleme waren nicht neu, schon 1955 debattierte der Landtag erstmals über Umweltfragen. Allerdings fehlte es vielfach noch an Techniken, sie zu beseitigen. Auf jeden Fall war klar, dass ein verstärkter Umweltschutz Geld kosten und die Unternehmen belasten würde. In diesem aufkommenden Konflikt zwischen Ökonomie und Ökologie entschied sich die Politik zunächst zugunsten der Wirtschaft. Inzwischen wurden Fragen der Umwelt und des Umweltschutzes aber in der Öffentlichkeit anders wahrgenommen. Zu einem echten Thema wurde die Umwelt, als im Bundestagswahlkampf 1961 der SPD-Kanzlerkandidat Willy Brandt die Forderung erhob, der Himmel über der Ruhr müsse „wieder blau werden". Eine saubere und gesunde Umwelt wurde für immer mehr Menschen zu einem wichtigen Faktor der Lebensqualität. So wuchs der Druck auf die Politik, die sich seit den siebziger Jahren verstärkt der Ökologie annahm.

Die für Umweltfragen stark sensibilisierte Bevölkerung vernahm immer neue ökologische Schreckensmeldungen. In den achtziger Jahren standen die Debatten um den sauren Regen und das Waldsterben im Vordergrund – glücklicherweise stellten sich eine ganze Reihe von Horrorsze-

Demonstration gegen den Bau von Luftschutzbunkern in Dortmund 1963 – statt dessen wird ein verbesserter Umweltschutz gefordert.

narien als deutlich überzogen heraus. Die Furcht vor der Zerstörung der Umwelt erreichte ihren Höhepunkt, als am 26. April 1986 das Kernkraftwerk von Tschernobyl in der Ukraine explodierte und eine radioaktive Wolke bis nach Westeuropa zog. Vorsorglich wurden auch in Deutschland Kinderspielplätze geschlossen, viele Menschen verzichteten auf Freilandfrüchte. Mit Tschernobyl schienen sich die schlimmsten Befürchtungen der Kritikerinnen und Kritiker zu bewahrheiten.

Veränderungen

Doch zu diesem Zeitpunkt hatte das Umdenken längst begonnen. Die Bundesrepublik, das Land und die Kommunen hatten, jeweils in ihrer Zuständigkeit, Vorschriften für die Begrenzung von Abgasen erlassen (Emissionsschutzgesetze)

Der Umstieg vom Auto auf das Fahrrad ist auch ein Beitrag zum Umweltschutz. Im Bild das Fahrradparkhaus am Hauptbahnhof in Münster.

und Kläranlagen gebaut. Der Landesregierung gelang es in Verhandlungen mit Energieunternehmen, diese zu freiwilligen Abgasbeschränkungen zu bewegen. So konnte innerhalb von nur einem Jahrzehnt die Güte der Gewässer in Nordrhein-Westfalen sichtbar verbessert werden, auch wenn weiterhin einige Problemflüsse (insbesondere die Emscher im nördlichen Ruhrgebiet) erhalten geblieben sind. Auch bei den Abgasen in der Luft sind zum Teil bedeutende Fortschritte erzielt worden. Bei den Autos war es die von der Bundesregierung durchgesetzte Einführung von geregelten Katalysatoren und bleifreiem Benzin, die die Abgasbelastung verminderte. Bei Dieselmotoren steht der Einbau von Rußfiltern zur Senkung der Feinstaubabsonderung allerdings noch bevor. Zur Reduzierung der Feinstaubbelastung wurden ab 2008 in den großen Städten des Landes Umweltzonen eingerichtet, die nur von schadstoffarmen Fahrzeugen befahren werden dürfen, zuerst in Köln, danach auch in einer Reihe von Ruhrgebietsstädten. Diese wurden 2012 zu einer einheitlichen Zone zusammengefasst.

Der Schutz der Umwelt ist jedoch nicht nur Sache des Staates und der Unternehmen, sondern aller Menschen. Darum hat Nordrhein-Westfalen besonderes Gewicht auf die Förderung des Umweltbewusstseins aller Bürgerinnen und Bürgern gelegt. Seit 1980 sind die Schulen durch einen Erlass ausdrücklich dazu verpflichtet, zur Umwelterziehung beizutragen. Am 19. März 1985 hat der Landtag schließlich den Artikel 29a in die Landesverfassung eingefügt. Mit ihm wurde –

JOHANNES B. KERNER, Moderator, geboren am 9. Dezember 1964 in Bonn. Johannes Baptist Kerner wuchs in Berlin in einem streng katholischen Elternhaus auf, nach dem Abitur studierte er Betriebswirtschaftslehre. 1986 begann er als Praktikant beim Sender Freies Berlin und wurde Sportreporter. 1992 bis 1996 moderierte er das SAT1-Fußball-Magazin „ran". 1996 hatte er seine erste tägliche Talkshow „Kerner". 1997 wechselte er zum ZDF, dort moderierte er bis 2006 „Das aktuelle Sportstudio" und kommentiert Fußball-Länderspiele. Ab 1998 hatte Kerner im ZDF eine eigene, sehr erfolgreiche Prominenten-Talkshow. 2009 wechselte er zurück zu SAT1, wo er seitdem diverse Shows moderiert, konnte an seinen Erfolg beim ZDF aber nicht anknüpfen. Bei „LIGA total!" präsentiert er seit 2009 zudem Fußballspiele. Kerner lebt mit seiner Familie in Hamburg.

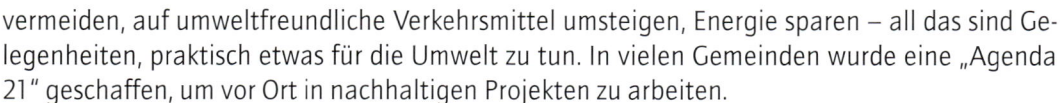

Wegen der erheblichen Eingriffe in die Natur ist der Abbau von Braunkohle nicht unumstritten. Das Bild zeigt einen Absetzer im Tagebau Garzweiler 1996.

ähnlich wie in den meisten anderen Bundesländern – der Schutz der natürlichen Umwelt ausdrücklich als Staatsziel festgeschrieben.

Auch weiterhin sind alle Bewohnerinnen und Bewohner des Landes aufgerufen, in ihrem Bereich am Umweltschutz mitzuwirken. Den Müll trennen, Abfall vermeiden, auf umweltfreundliche Verkehrsmittel umsteigen, Energie sparen – all das sind Gelegenheiten, praktisch etwas für die Umwelt zu tun. In vielen Gemeinden wurde eine „Agenda 21" geschaffen, um vor Ort in nachhaltigen Projekten zu arbeiten.

Das heißt nicht, dass es in NRW keine Umweltprobleme mehr gibt. Stein- und Braunkohlekraftwerke geben nach wie vor das Treibhausgas Kohlendioxid ab und tragen zur Erwärmung des Erdklimas bei. Der Braunkohletagebau hat erhebliche Folgen für die Landschaft und das Grundwasser. Das Feinstaubproblem ist nach wie vor ungelöst und noch immer warten eine Reihe von Gewässern auf ihre Renaturierung.

Streitfall Kernenergie

Mit Blick auf die Kernenergie war und ist das Land in einer besonderen Situation. Als Zentrum der Kohleförderung hat Nordrhein-Westfalen bei der Energieerzeugung immer auf die fossilen Brennstoffe gesetzt. Die beiden in den siebziger Jahren mit großem Aufwand im Land errichteten Kernkraftwerke, der „Schnelle Brüter" in Kalkar und der Hochtemperaturreaktor in Hamm waren Sonderkonstruktionen,

Mit seiner glänzenden Außenseite war der 180 Meter hohe Kühlturm des Kernkraftwerks in Hamm weithin sichtbar. Im September 1991 wurde der Turm gesprengt.

Der „Schnelle Brüter" in Kalkar heute: Auf dem Gelände und aus den Gebäuden entstand ein Feizeitpark.

mit denen neue Techniken der Gewinnung von Kernenergie in großem Maßstab erprobt werden sollten. Beide Anlagen wurden in den achtziger Jahren Opfer der Kernkraftkritik. Das 1972 begonnene Kraftwerk in Kalkar, gegen dessen Errichtung 1977 eine große Demonstration von Kernkraftgegnern stattfand, ging nach der Fertigstellung 1985 überhaupt nicht in Betrieb, weil die inzwischen gegen die Kernenergie eingestellte Landesregierung die Genehmigung verweigerte. Nach dem 1991 verfügten Aus für die Anlage wurde das Gelände in einen Freizeitpark umgestaltet. Das 1970 begonnene Kraftwerk in Hamm ging 1985 ans Netz, schon 1989 wurde es wieder stillgelegt. Die Technik hatte sich als sehr störanfällig erwiesen. Lediglich das in der Gemeinde Beverungen an der Weser gelegene konventionelle Kernkraftwerk in Würgassen hat zwischen 1971 und 1994 Strom erzeugt, ehe es planmäßig abgeschaltet wurde.

Wenn heute über Umweltprobleme diskutiert wird, geschieht das zumeist in globaler Perspektive – nicht zuletzt, weil viele der regionalen Probleme kleiner geworden sind. Wichtigste Themen sind heute die Erderwärmung und der Klimawandel: Herausforderungen, die nur in internationaler Zusammenarbeit zu bewältigen sind. Die Nutzung alternativer Energien und der sparsame Umgang mit den vorhandenen Ressourcen bleiben auf der Tagesordnung.

Im Übrigen haben die Bemühungen um den Umweltschutz das Bild des Landes nachhaltig verändert – heute ist das Land so grün wie seit mindestens zweihundert Jahren nicht mehr. Nordrhein-Westfalen ist kein graues Industrieland mehr, ein Vorurteil, das besonders für den „Kohlenpott" an der Ruhr noch immer anzutreffen ist. Umwelt und Landschaftsschutz haben – allerdings auch in Verbindung mit dem Rückgang der alten Industrien – das Erscheinungsbild des Landes schon weitgehend geändert.

HANS PETER („Hape") KERKELING, Moderator und Comedian, geboren am 9. Dezember 1964 in Recklinghausen. Nach dem Abitur begann Kerkeling als TV-Entertainer bei verschiedenen Sendern, der Durchbruch gelang 1989 mit der medienkritischen Nonsens-Show „Total Normal". 1992 erschien sein erster Kinofilm „Kein Pardon". 1993 gründete Kerkeling seine eigene Produktionsfirma „Cheese", 1994 präsentiert er auf RTL die gleichnamige Showserie. Nach seiner Rückkehr zur ARD moderierte er „Warmumsherz" und „Zappenduster", 1999 gelang ihm mit der SAT.1-Show „Darüber lacht die Welt" ein großer Erfolg. Seit 2005 moderiert Kerkeling die Show „Hape trifft!", seit 2006 „Let's Dance." Daneben ist er weiterhin mit Bühnen-Programmen auf Tournee. Sehr beliebt ist Kerkelings Figur des Horst Schlämmer: In dieser Rolle spielt er den versoffenen und ziemlich verschrobenen stellvertretenden Leiter des fiktiven Grevenbroicher Tagblatts. Kerkeling lebt mit seinem Lebensgefährten in Düsseldorf.

Große Schulklassen und schlecht ausgestattete Schulen – Alltag in den fünfziger Jahren. Das Bild zeigt eine Volksschulklasse in Brackwede.

Schulen und Hochschulen

Als Ende 2001 die ersten Ergebnisse der internationalen PISA-Studie (die Abkürzung steht für Programme for International Student Assessment) zum Bildungsstand der Schülerinnen und Schüler bekannt wurden, löste dies in Deutschland einen Schock aus. Untersucht worden waren die Kompetenzen von 15-jährigen Schülerinnen und Schülern in den Bereichen Lesen, Mathematik und Naturwissenschaft. In diesem Vergleich belegte Deutschland unter den 32 teilnehmenden Ländern die Plätze 20 und 21. Dabei hatten die Deutschen ihr Bildungssystem immer für eines der besten und leistungsfähigsten der Welt gehalten.

Zwei Jahre später war der Schock in Nordrhein-Westfalen noch größer, denn nach einer weiteren Untersuchung rangierte das Land innerhalb Deutschlands allenfalls auf einem mittleren Platz. Fragen der Schul- und Bildungspolitik rückten damit nicht zum ersten Mal in den Mittelpunkt der politischen Diskussion im Land.

Der Sputnikschock und die Folgen

Was Anfang des neuen Jahrhunderts durch „PISA" ausgelöst wurde, war Ende der fünfziger Jahre schon einmal passiert, durch den „Sputnikschock". 1957 hatte die Sowjetunion den ersten künstlichen Satelliten ins All geschossen, der den Namen „Sputnik" (auf deutsch: der Weggefährte)

Schuleinrichtungen der fünfziger Jahre sind heute beliebte Besucherziele im Museum – hier die Volksschule im Freilichtmuseum „Mühlenhof" in Münster.

trug. Mit diesem Erfolg schien der kommunistische Osten dem Westen auf einmal technologisch überlegen zu sein. Die Amerikaner nahmen die Herausforderung an und investierten erhebliche Mittel in die Raumfahrt, so dass sie den „Wettlauf zum Mond", die prestigeträchtige erste Landung von Menschen auf dem Mond, für sich entschieden.

Aber auch in Deutschland wurde nach dem „Sputnikschock" die Frage nach der Leistungsfähigkeit des Bildungssystems gestellt. Bildungsforscher hatten schon seit längerem Defizite festgestellt, das Wort „Bildungskatastrophe" machte die Runde. Tatsächlich war nach dem Krieg im Wesentlichen das traditionelle Schulsystem wiederhergestellt worden. Die große Mehrzahl der Kinder und Jugendlichen ging acht Jahre lang zur Volksschule. Das Gymnasium war 1950 eine Eliteschule für knapp zehn Prozent der Schülerinnen und Schüler, daneben gab es wenige Mittel- oder Realschulen mit einem Schüleranteil von gerade einmal 3,5 Prozent.

Die Bildungsforscher hatten herausgefunden, dass die Bildungschancen sehr unterschiedlich verteilt waren. Sie hing ab von Beruf und Einkommen der Eltern, von der Konfession, ob man in der Stadt oder auf dem Land wohnte, und schließlich gab es geschlechtsspezifische Unterschiede. Zusammenfassend prägte man den Ausdruck „katholisches Arbeitermädchen vom Land", der die zentralen Benachteiligungsfaktoren für Bildungschancen in sich vereinte.

Ins Zentrum der Kritik geriet vor allem die Volksschule. Ihr fehlte die für die moderne Zeit unverzichtbare Wissenschaftsorientierung vollständig, viel zu sehr war sie auf die überkommene volkstümliche Bildung beschränkt. Im Volksschulwesen dominierten noch immer die Konfessionsschulen, auf dem Land gab es noch viele ein- oder zweiklassige Zwergschulen, in denen bis zu acht Klassen in einem Raum von einer Lehrkraft unterrichtet wurden. Solche Verhältnisse entsprachen nicht mehr dem Anspruch einer modernen Industriegesellschaft.

Schulreformen in NRW

In den sechziger Jahren wurde deshalb in Nordrhein-Westfalen mit einer Reform des Schulwesens begonnen. In ihr vereinigten sich zwei Zielsetzungen: Zum einen sollte der Bedarf der Wirtschaft nach besser qualifizierten Schulabgängern befriedigt werden, zum anderen sollten bessere Bildungschancen für breitere Bevölkerungsschichten geschaffen werden – die Gesellschaft drängte auf eine Demokratisierung der Bildung.

Die Schulreform erfolgte im wesentlichen in zwei Schritten. Zunächst wurden unter dem CDU-Ministerpräsidenten Meyers die Zwergschulen aufgelöst und zu größeren Systemen zusammengefasst. Mit Beginn des Schuljahrs am 1. Dezember 1965 – in der Umstellungsphase gab es zwei

Informationsbroschüre zur Einführung von Gesamtschulen.

Kurzschuljahre mit abweichenden Terminen – führte Nordrhein-Westfalen das neunte Schuljahr als Pflicht für alle Schülerinnen und Schüler ein. Die Verbesserung des Schulsystems führte zu einem deutlichen Lehrermangel an den Volksschulen. Zur Behebung wurden zahlreiche neue Lehrerinnen und Lehrer eingestellt, die aus anderen Berufen rekrutiert und mit einer Kurzausbildung versehen wurden. Man nannte diese zusätzlichen Lehrkräfte scherzhaft „Mikätzchen" – Paul Mikat (CDU) war zu dieser Zeit Kultusminister und für die Lehrerausbildung zuständig.

Nach dem Regierungswechsel von 1966 intensivierte die SPD-geführte Landesregierung die Schulreform. Die Volksschule wurde – mit Zustimmung der CDU – ganz abgeschafft, an ihre Stelle trat die vierjährige Grund- und die fünfjährige Hauptschule. Letztere wurde durch die Verstärkung der Naturwissenschaften und der Pflichtfremdsprache Englisch zu einer weiterführenden Schule ausgebaut. Gleichzeitig wurden die Hauptschulen in Gemeinschaftsschulen (also ohne Trennung nach religiösem Bekenntnis) umgewandelt. Ab 1981 folgte die Verlängerung der Schulpflicht um ein weiteres Jahr, so dass in Nordrhein-Westfalen alle Schülerinnen und Schüler mindestens zehn Jahre zur Schule gehen.

Verschiedene Maßnahmen sollten den Übergang von der Grundschule zur Realschule und zum Gymnasium erleichtern, dazu gehörte 1965 die Einführung der Lehrmittelfreiheit, also der Übernahme aller Kosten für die Unterrichtsmittel durch das Land. 1969 folgte die versuchsweise Einführung der integrierten Gesamtschule – hier werden die Schüler in den einzelnen Fächern entsprechend ihrer Leistung zu Kursen zusammengestellt. Nach der Versuchsphase wurden bis heute weit über 200 Gesamtschulen eingerichtet, so dass die integrierte Gesamtschule als vierte weiterführende Schulform in Nordrhein-Westfalen etabliert ist. Der Versuch der flächendeckenden Einführung einer kooperativen Gesamtschule (hier werden in einer Schule die verschiedenen Schulformen nebeneinander angeboten) scheiterte 1978 an einem von der CDU initiierten Volksbegehren. Als weitere seit den sechziger Jahren getroffene Maßnahmen sind schließlich die Reform der gymnasialen Oberstufe sowie der Ausbau des berufsbildenden Schulsystems zu nennen.

Ausgelöst durch die Schulreform, vor allem aber als Ausdruck gesellschaftlicher Veränderungen, hat sich die Nachfrage nach den Schulformen tiefgreifend gewandelt. Ende der neunziger Jahre wechselten von den Viertklässlerinnen und Viertklässlern nur noch rund 20 Prozent zur Hauptschule, dagegen ist die Quote der Gymnasien auf rund 35 Prozent und die der Realschulen auf rund 28 Prozent gestiegen; die Gesamtschulen erhielten 16 Prozent der Anmeldungen. Besonders Mädchen haben von dieser Entwicklung profitiert. Ihr Anteil an den Gymnasialschülern liegt heute bei über 50 Prozent, zudem sind ihre Abschlüsse überdurchschnittlich gut.

Während die Frage nach einer Weiterentwicklung der Schulstruktur bzw. dem Festhalten am gegliederten Schulwesen Gegenstand heftiger Auseinandersetzungen blieb, hat sich die innere Schulentwicklung überall vollzogen. Offener Unterricht, Schülerorientierung, Lernen in Projekten, Betriebspraktika und der Einsatz des Computers in allen Schulformen und -stufen, aber auch die Ausweitung des Ganztagsangebotes an allen Schulformen, um Förder- und Betreuungsmöglichkeiten gerade für benachteiligte Jugendliche und für die Mütter die Vereinbarung von Familie und Beruf zu verbessern – allein diese Stichworte lassen erahnen, dass sich die Schule auch in NRW in den letzten Jahren stark gewandelt hat.

Durch die zunehmende Abkehr der Eltern von der Hauptschule und die insgesamt sinkenden Schülerzahlen durch den demographischer Wandel hat der Wunsch der Kommunen, ein attraktives Angebot weiterführender Schulen zu erhalten, in jüngster Zeit zu einer pragmatischen Wende und der Überwindung der lange Zeit dominierenden ideologischen Betrachtungsweisen im Bereich der Bildungspolitik geführt. So ermöglicht der Schulkonsens von 2011 den Gemeinden eine weitgehende Freiheit bei der Gestaltung der Schulstruktur am Ort. Gab es

1978 startete die CDU eine Kampagne gegen die Einführung von „Koop"-Schulen, hier eine Protestpostkarte.

zuvor Versuche, durch Verbundschulen und Gemeinschaftsschulen angesichts sinkender Schülerzahlen das Bildungsangebot vor Ort zu verbessern, so werden zukünftig neue Sekundarschulen die bisherigen Haupt- und Realschulen zusammenfassen. Gymnasien und integrierte Gesamtschulen sind davon nicht betroffen. Auf längere Sicht wird sich die Schullandschaft damit auch in Nordrhein-Westfalen vereinfachen, wenn auch bundesweit die Vielfalt eher zunehmen wird. Zusammen mit der Inklusion, der Beschulung von Schülerinnen und Schülern mit besonderem

VERONICA FERRES, Schauspielerin, geboren am 10. Juni 1965 in Solingen. Nach dem Abitur studiert sie Germanistik und Theaterwissenschaft in München. Nach einigen Anlaufschwierigkeiten wird sie 1992 durch eine Nebenrolle in Helmut Dietls Film „Schtonk" bekannt. 1996 spielte sie in Sönke Wortmanns sehr erfolgreicher Literaturverfilmung „Das Superweib" erstmals eine Hauptrolle. Seitdem wirkte Ferres in zahlreichen, auch internationalen Film- und Fernsehproduktionen mit, so für das französische Fernsehen an der Seite von Gerard Depardieu in „Les Misérables", sowie in „Findelkind" (2000). Im Kinderfilm „Die Wilden Hühner" sah man sie 2005 in der Hauptrolle, 2006 spielte sie an der Seite von John Malkovich in der Filmbiografie „Klimt", 2009 die Hauptrolle im Kinofilm „Unter Bauern – Retter in der Nacht". Für ihre schauspielerischen Leistungen wurde sie mehrfach ausgezeichnet. Ferres wohnt mit ihrer Familie in München.

1980

Förderbedarf in den allgemein bildenden Schulen, wird sich durch diese Strukturveränderungen in den nächsten Jahren ein Umbruch vollziehen, der das Schulwesen im Land stärker verändern wird, alle Reformen in den Jahrzehnten zuvor.

Ministerpräsident Kühn 1968 bei der Grundsteinlegung der Universität Bielefeld.

NRW als Hochschulland

Wie im Schulwesen wurde auch im Hochschulwesen nach dem Zweiten Weltkrieg zunächst das überkommene System fortgeführt. Das Land beschränkte sich erst einmal darauf, die Kriegsschäden zu beseitigen. Nordrhein-Westfalen besaß drei ältere Universitäten in Bonn, Münster und Köln, dazu kamen die Technische Hochschule Aachen, eine medizinische Hochschule in Düsseldorf, zwei Musikhochschulen in Detmold und Düsseldorf und die Sporthochschule in Köln.

Hatte sich das Land zunächst auf die Förderung von Forschungsinstituten im naturwissenschaftlich-technischen Bereich konzentriert, so setzte auch bei den Hochschulen seit den sechziger Jahren ein Umdenken ein. Um den steigenden Bedarf an wissenschaftlich qualifizierten Kräften zu decken und der lauter werdenden Forderung nach Teilhabe breiterer Bevölkerungsschichten an höherer Bildung („Arbeiterkinder an die Hochschulen") nachzukommen, gründete das Land in den sechziger Jahren zahlreiche neue Hochschulen.

Den Beginn machte die Gründung der Ruhr-Universität Bochum im Jahr 1961, der bis Mitte der siebziger Jahre weitere Universitäten, Pädagogische Hochschulen (die in den siebziger Jahren in die Universitäten integriert wurden), Gesamthochschulen und Fachhochschulen in allen Teilen

des Landes folgen sollten. Der Hochschulbau wurde vor allem als Mittel der Strukturförderung verstanden, mit dem die wirtschaftliche Entwicklung der Hochschulstandorte und ihrer Regionen verbessert werden sollte. Um diesen Ausbau seitens der Landesregierung besser bewältigen zu können, wurde das bisherige Kultusministerium 1969 geteilt. Zuständig für die Hochschulen wurde ein neues Ministerium für Wissenschaft und Forschung, das ab 1970 von Johannes Rau geleitet wurde.

Luftaufnahme der 1965 in Betrieb genommenen „Ruhr-Universität" in Bochum.

Nordrhein-Westfalen erhielt in diesen Jahren eine der dichtesten Hochschullandschaften Europas. Die Zahl der Studierenden nahm stark zu, sie stieg von rund 90.000 im Wintersemester 1968/69 auf über eine halbe Million im Wintersemester 1994/95; rund ein Fünftel davon waren Studierende an den stärker praxisorientierten Fachhochschulen.

Angesichts der knapper werdenden finanziellen Ressourcen des Landes konnte diese Entwicklung nicht ungebremst weitergehen, zumal auch die anderen Bundesländer inzwischen über ein gut ausgebautes Hochschulwesen verfügten. Neuorganisationen und die „Verschlankung" von Hochschulen waren daher unumgänglich. Die bisher jüngste Veränderung kam für die Hochschulen durch den sog. Bologna-Prozess. Er führte in Europa anstelle der bisherigen Abschlüsse einheitliche Bachelor- und Master-Abschlüsse ein. Dies führte zu einer Aufwertung der mehr als 30 staatlichen, kirchlichen und privaten Fachhochschulen im Land. Sie bezeichnen sich seitdem als Hochschule oder als University for Applied Sciences. Der Unterschied zu den traditionellen Universitäten ist geringer geworden. Trotz dieser Maßnahmen stehen die Hochschulen auch weiterhin Studierenden gleich welcher Herkunft weit offen – zu den abgeschotteten und nur Privilegierten zugänglichen Eliteanstalten früherer Jahre führt kein Weg zurück.

Gründungsjahre der neuen Hochschulen	
1961	Ruhr-Universität Bochum
1962	Universität Dortmund
1965	Universität Düsseldorf
1967	Universität Bielefeld
1971	Fachhochschulen in Aachen, Bielefeld, Bochum, Dortmund, Duisburg, Düsseldorf, Essen, Hagen, Köln, Krefeld, Lippe (Lemgo), Münster, Paderborn, Siegen und Wuppertal
1972	Gesamthochschulen in Duisburg, Essen, Paderborn, Siegen und Wuppertal (teilweise unter Einbeziehung der Fachhochschulen)
1974	Fernuniversität Hagen

Vorlesung in einem Hörsaal der Ruhr-Universität Bochum – eine Ausbilduing mit Kostenbeteiligung? Mit dem Wintersemester 2006/07 hatte die damalige Landesregierung Studiengebühren eingeführt, wovon die meisten NRW-Hochschulen Gebrauch gemacht hatten. Nach dem Regierungswechsel von 2010 wurden sie wieder abgeschafft..

STEFAN RAAB, Entertainer, geboren am 20. Oktober 1966 in Köln. In einem Internat in Bad Godesberg machte Raab 1986 Abitur, er absolvierte eine Lehre als Metzger und studierte fünf Semester Jura. 1993 bekam er beim Musiksender „Viva" seine eigene Sendung „Vivasion", 1994 wurde er mit dem Song „Böörti Böörti Vogts" bekannt. 1998 komponierte er unter dem Pseudonym Alf Igel für Guildo Horn den Grand-Prix-Song „Guildo hat euch lieb". Im gleichen Jahr wechselte Raab zu ProSieben und moderiert seitdem seine Sendung „TV Total". 1999 stürmte er mit dem Hit „Maschen Draht Zaun" die Charts, ein Jahr später trat er selbst beim Grand Prix an und belegte Platz 5. Raab erfand und moderierte mehrere Großveranstaltungen, darunter die „Wok WM", die Casting-Aktion SSDSGPS (Stefan sucht den super Grand Prix Star) und den „Bundesvision Song Contest", in dem Künstler aus allen 16 Bundesländern antreten. 2010 suchte er in der Castingshow „Unser Star für Oslo" den deutschen Teilnehmer für den Eurovision Song Contest – als Siegerin ging Lena hervor, die für Deutschland in Oslo gewann. Raab lebt in Köln-Hahnwald.

Von vielen der Steinkohlenzechen im Ruhrgebiet blieben nur Relikte, die an die einstige Bedeutung erinnern. Im Jahr 2010, als Essen für das Ruhrgebiet europäische Kulturhauptstadt war, wurden die Zechenstandorte mit gelben Ballons gekennzeichnet – hier steigt die Kugel vor der Zeche Gneisenau in Dortmund-Derne auf.

Probleme mit der Kohle

Im Jahr 1957 schien die Welt im Ruhrgebiet noch in Ordnung zu sein. Mehr als 500.000 Bergleute förderten in diesem Jahr über 120 Millionen Tonnen Steinkohle. Die Nachfrage schien unbegrenzt, die Zukunft der Bergwerke und ihrer Beschäftigten auf Dauer gesichert. Doch nur wenige Jahre später boten sich ganz andere Bilder: stillgelegte Zechen, demonstrierende Bergleute mit schwarzen Fahnen, eine Regierungskrise. Das Wirtschaftswunder bekam erste Kratzer.

Wandel im Energieverbrauch

Die Gründe für den Absatzrückgang waren langfristige Veränderungen des Energieverbrauchs, aber auch kurzfristige politische Maßnahmen. So waren die Einfuhrzölle für Kohle und Öl gesenkt worden, um mehr Wettbewerb auf dem Energiemarkt zu förden und den stark steigenden Preisforderungen der Zechen zu begegnen; billige amerikanische Kohle und Öl aus dem Nahen Osten konnten sich nun auf dem deutschen Markt durchsetzen. Das Öl verdrängte jetzt nicht nur die Kohle als Grundstoff der chemischen Industrie, sie wurde (zusammen mit dem Erdgas) auch von immer mehr Haushalten für das Heizen der Wohnungen bevorzugt. Schließlich führte auch der Rückgang bei der Stahlerzeugung zu einem deutlich sinkenden Kohlebedarf, denn der aus Kohle gewonnene Koks wurde in Hochöfen und Stahlwerken in großen Mengen verarbeitet. Beruhten

Zahlreiche Zechen mussten seit 1958 geschlossen werden –1962 war die Zeche Bruchstraße in Bochum-Langendreer an der Reihe. Die Kumpel stellen sich mit dem letzten Kohlenwagen zum Erinnerungsbild.

1955 noch fast zwei Drittel (72 Prozent) des gesamten Energieverbrauchs der Bundesrepublik auf der Steinkohle, so war es 1970 gerade noch ein Drittel (29 Prozent).

Für die Zechen an der Ruhr entstanden daraus seit Ende 1957 ernsthafte Absatzprobleme – auf einmal war mehr Kohle da, als verkauft werden konnte. Die Folge waren Feierschichten für die Bergleute, die Bergwerke produzierten „auf Halde". 1958 warteten im Ruhrgebiet schon mehr als neun Millionen Tonnen auf Abnehmer.

Zechensterben

Doch Kurzarbeit und die Produktion auf Halde taugten nur als kurzfristige Lösungen. Bald reichten diese Maßnahmen nicht mehr aus, die ersten Zechen mussten schließen. 1958 wurde die erste kleinere Schachtanlage (Zeche Lieselotte in Bochum) geschlossen, ab 1959 folgten auch Großschachtanlagen. Die Zahl der Zechen im Ruhrgebiet ging zwischen 1957 und 1967 von 140 auf 76 zurück, zudem verschwanden fast alle Kleinzechen am Südrand des Ruhrgebietes. Ende 1958 folgten auch die ersten Entlassungen, die Belegschaft auf den Schachtanlagen ging von fast 400.000 im Jahr 1957 auf rund 170.000 zehn Jahre später zurück. Die Bergarbeiter waren geschockt – noch wenige Jahre zuvor hatten die Bergbauunternehmen mit allen Mitteln Arbeiter in den Bergbau gelockt und ihnen feste und sichere Arbeitsplätze versprochen. Viele Bergleute gingen auf die Straße. Im September 1959 demonstrierten mehr als 60.000 Menschen in Bonn und forderten staatliche Hilfen für den deutschen Steinkohlebergbau.

Demonstration gegen Zechenschließungen
am 21. Oktober 1967 in Dortmund-Huckarde.

Das hohe Ansehen, das die Kohlewirtschaft durch ihre Rolle beim Wiederaufbau nach dem Krieg gewonnen hatte, machte die Kohlekrise zu einem auch emotional hoch brisanten Thema in der Öffentlichkeit. Die Regierungen in Bonn und Düsseldorf diskutierten daher, die Kohle durch staatliche Unterstützungen (Subventionen) billiger zu machen und damit ihren Absatz zu sichern.

Gleichzeitig ging das Zechensterben weiter, denn durch die Wirtschaftskrise in der Mitte der sechziger Jahre wurden die Probleme beim Absatz der Kohle noch einmal verschärft. Weitere 13 Zechen mussten geschlossen werden. Neue Arbeitsplätze waren für die Betroffenen jetzt nicht mehr so einfach zu bekommen, da unter der allgemeinen Krise auch andere Branchen litten. Diese Wirtschaftskrise war ein wesentlicher Anlass, die bis dahin amtierende CDU/FDP-Bundesregierung unter Bundeskanzler Ludwig Erhard zu stürzen und durch eine große Koalition aus CDU und SPD zu ersetzen.

Gegenmaßnahmen

Als 1967 überraschend die Schließung der Zechen Hansa und Pluto in Dortmund-Huckarde bekannt gegeben wurde, und es zu erneuten Protestdemonstrationen kam, wurde die Furcht vor einer Radikalisierung der Bergleute immer größer. Dem neuen Bundeswirtschaftsminister Karl

Am 18. Juli 1969 wurden in Essen die Verträge zur Gründung der „Ruhrkohle AG" unterzeichnet. In der Mitte der Vertreter der Bundesregierung, Bundeswirtschaftsminister Karl Schiller.

Schiller (SPD) gelang es gemeinsam mit der (nunmehr ebenfalls von der SPD geführten) Landesregierung in Nordrhein-Westfalen und den Gewerkschaften, in einer „konzertierten Aktion" die Grubenbesitzer zu wirkungsvollen Maßnahmen zu bringen, mit denen man die Überproduktion in den Griff bekommen wollte. Statt einer ungeordneten Stilllegungspolitik einzelner Zechen sollten Personal und Fördermengen planvoll reduziert werden. Eine aktive Strukturpolitik und die Schaffung neuer Arbeitsplätze sollten diese Entwicklung begleiten. Jetzt bewährte sich die nach dem Krieg eingeführte Mitbestimmung, da Arbeitnehmervertreter und Gewerkschaften aktiv in die Umstrukturierungsmaßnahmen eingebunden waren.

Kern der neuen Kohlepolitik war die 1968 beschlossene und 1969 vollzogene Gründung der „Ruhrkohle AG", die am 1. Januar 1970 ihre Arbeit aufnahm. Die größte Zahl der Bergwerksunternehmen war in diesem Unternehmen aufgegangen, die bisherigen Zechenbesitzer waren Anteilseigner der RAG geworden. Bund und Land unterstützten den Zusammenschluss finanziell. Die neue Gesellschaft konnte benachbarte Zechen zusammenlegen und sich auf die wirtschaftlichsten Standorte konzentrieren. Langfristige Lieferverträge mit Stahl- und Energieerzeugern sollten den Kohleabsatz sichern. Die Kohlekrise war damit erst einmal entschärft.

MICHAEL SCHUMACHER, Formel 1-Rennfahrer, geboren am 3. Januar 1969 in Hürth. 1986 begann Schumacher eine Ausbildung als Kfz-Mechaniker und legte 1989 seine Gesellenprüfung ab. 1985 war Schumacher Vize-Kart-Weltmeister, 1987 Kart-Europameister, 1983 Deutscher Formel-König-Meister, 1988 Formel-Ford-1600-Vizeeuropameister. 1989 startete er in der Formel 3, 1991 gab er sein Debüt in der Formel 1 für Jordan. Bis 1995 fuhr er für Benetton, seit 1996 für Ferrari. Mit insgesamt sieben Weltmeisterschaftstiteln (den vorerst letzten holte er sich 2004) ist Schumacher der erfolgreichste Formel 1-Rennfahrer aller Zeiten. 1995 und 2004 wurde er zu Deutschlands Sportler des Jahres gekürt. Nach einem vorübergehenden Rückzug aus dem professionellen Rennsport feierte er 2010 sein Formel-1-Comeback für Mercedes. Michael Schumacher lebt mit seiner Familie in der Schweiz.

Abschied von der Kohle

Eine dauerhafte Lösung war auch mit der Gründung der Ruhrkohle AG nicht gefunden, ebenso wenig mit dem 1980 eingeführte „Kohlepfennig", einer Abgabe auf Strom, mit dem die Mehrkosten beim Einsatz der teuren deutschen Steinkohle bei der Stromerzeugung teilweise auf die Verbraucher umgelegt wurde.

Ein Hauptproblem bestand und besteht bis heute darin, dass der Steinkohlenabbau in Deutschland schon wegen des Aufbaus seiner Lagerstätten vergleichsweise aufwändig und damit teuer ist. Dieses Problem wurde durch die Ausweitung des Bergbaus nach Norden – bis in die Lipperegion hinein – noch verstärkt. Die Kohle muss aus immer größeren Tiefen gefördert werden, was ihren Preis trotz aller Mecha-

Die Deutsche Steinkohle AG wollte die Förderung mit modernen Anlagen weiterführen, sogar der Bau einer neuen Schachtanlage wurde lange diskutiert. Im Bild der Schacht Auguste-Victoria/ Blumenthal 3/7 im Kreis Recklinghausen.

In den Zechen des Ruhrgebietes wird die Kohle heute mit modernster Technik gewonnen, Handarbeit ist nur noch bei Störungen erforderlich. Im Bild ein Walzenschrämlader, der die Kohle aus dem Flöz schneidet und auf einem Förderband ablegt. Techniken wie diese werden von den Herstellern im Ruhrgebiet in alle Welt verkauft.

Der Förderturm der Zeche „Consolidation"
im Gelsenkirchener Stadtteil Bismarck wurde
nach Stillegung der Zeche 1993 unter Denk-
malschutz gestellt und saniert. Das Doppel-
strebengerüst des ehemaligen Zentralför-
derschaftes 9 wurde 1922 errichtet und ist
heute eine weithin sichtbare Landmarke.

nisierung und Rationalisierung ständig steigen lässt. Da die Ruhrkohle erheblich teurer ist als die Steinkohle auf dem Weltmarkt, hat sie ohne Subventionen keine Chance.

Inzwischen ist die lange Zeit bestehende Übereinkunft, die heimische Kohle als nationale Energiereserve zu schützen und zumindest für die Stromerzeugung als wichtigsten Energieträger um jeden Preis zu sichern, aufgekündigt. Im Februar 2007 einigten sich der Bund, das Land Nordrhein-Westfalen und das Saarland darauf, die Subventionen zum Jahr 2018 einzustellen. Danach dürften die letzten Bergwerke in NRW ihre Förderung einstellen.

Durch die erwähnte Nordwanderung des Bergbaus gibt es schon jetzt in vielen traditionsreichen Ruhrgebietsstädten wie Dortmund, Witten, Bochum, Essen und Mülheim an der Ruhr keine Zechen mehr. Ein Stück Industriegeschichte ist damit abgeschlossen.

Die meisten stillgelegten Zechenanlagen wurden abgerissen, um Platz für neue Nutzungen zu schaffen. Eine ganze Reihe von Gebäuden blieb aber erhalten. Sie werden heute als Museum gepflegt oder wurden zu Kulturzentren umgebaut, andere dienen schlicht als Hallen für neue Gewerbebetriebe. Von einigen Zechen sind nur die Fördertürme geblieben, die als „Landmarken" weithin sichtbar sind und an eine vergangene Epoche erinnern.

1980

JENS LEHMANN, Fußball-Torhüter, geboren am 10. November 1969 in Essen. Lehmann machte 1988 Abitur und begann 1989 als Fußballprofi beim FC Schalke 04, 1991 schaffte er mit der Mannschaft den Wiederaufstieg in die erste Bundesliga, 1997 gewann er mit ihr den UEFA-Cup. 1998 wechselte er zum AC Mailand, kehrte aber schon 1998 nach Deutschland zurück und ging zu Borussia Dortmund. Von 2003 bis 2008 spielte Lehmann beim FC Arsenal London. In der deutschen Fußball-Nationalmannschaft nahm er seit 1998 nur die Position des Reservetorhüters ein, erst zur Fußball-Weltmeisterschaft 2006 in Deutschland stand Lehmann als Nummer 1 im Tor und wurde bei sechs von sieben Spielen eingesetzt. Im abschließenden Spiel um Platz 3 überließ er seinem langjährigen Rivalen Oliver Kahn den Platz zwischen den Pfosten. 2008 wechselte er zum VfB Stuttgart. 2010 beendete er seine aktive Karriere, kehrte aber 2011 noch einmal zum FC Arsenal zurück.

Titelseite der Neuen Ruhr-Zeitung nach der Landtagswahl vom 20. Juni 1966.

Machtwechsel: Von der Hochburg der CDU zum Kernland der SPD

So knapp war es bei einer Landtagswahl noch nie gewesen. Am 20. Juni 1966 konnte die SPD 6,4 Prozent der Wählerstimmen hinzugewinnen und kam auf insgesamt 49,5 Prozent. Gleichzeitig verlor die regierende Koalition von CDU und FDP deutlich an Stimmen und kam zusammen auf nur noch auf 50,2 Prozent. Für die CDU war es die erste wirkliche Wahlniederlage in der Nachkriegszeit, für die SPD war es ein Durchbruch – erstmals in der Geschichte des Landes gaben mehr Wähler der SPD ihre Stimme als der CDU, die auf nur noch 42,8 Prozent kam.

Für die Sitzverteilung im Landtag bedeutete das Ergebnis: 101 Abgeordnete für die Koalition aus CDU und FDP, 99 für die SPD. Am Ende fehlten den Sozialdemokraten 353 Stimmen, um in Essen ein zusätzliches Direktmandat zu gewinnen, was die Wahl zu ihren Gunsten entschieden hätte. Aber Mehrheit ist Mehrheit, und so verabredeten CDU-Ministerpräsident Franz Meyers und sein Stellvertreter Willi Weyer von der FDP die Fortsetzung ihrer Koalition. Allerdings sollte diese Regierung nur noch einige Monate halten.

Regierungswechsel 1966

Wie schon ein Jahrzehnt zuvor gab auch 1966 nicht in erster Linie die Landes-, sondern die Bundespolitik den Ausschlag für den Regierungswechsel in NRW. Schon bei den Landtagswahlen hatte die SPD vom allgemeinen Unmut über die wirtschaftliche Entwicklung profitiert, der sich vor allem gegen Bundeskanzler Erhard richtete – die Unzufriedenheit mit der Politik der Bundesregierung war für den enormen Stimmenzuwachs der SPD wichtiger als die Kohlekrise an der Ruhr. Die Regierung Erhard wurde durch das knappe Ergebnis in NRW zusätzlich geschwächt. Kurz darauf zerbrach die CDU/FDP-Koalition in Bonn, Erhard musste zurücktreten. Ende November 1966 wurde seine Regierung durch eine große Koalition aus CDU und SPD ersetzt. Neuer Bundeskanzler wurde Kurt-Georg Kiesinger (CDU), der SPD-Vorsitzende Willy Brandt Außenminister und Vizekanzler.

Auch in Düsseldorf brach das Regierungsbündnis von CDU und FDP auseinander. Der Versuch des Oppositionsführers Heinz Kühn, ebenso wie in Bonn eine große Koalition zu bilden, scheiterte jedoch am Widerstand der Parteibasis der SPD, die so kurz nach dem Wahlkampf nicht mit dem politischen Hauptkonkurrenten zusammengehen wollte. Daraufhin kam es in Düsseldorf erneut zu einer klei-

Heinz Kühn (1912–1992)

Kühn wurde in Köln als Sohn eines Tischlers geboren. Nach dem Abitur begann er 1931 ein Studium der Staatswissenschaften und der Nationalökonomie in Köln, gleichzeitig engagierte er sich in sozialdemokratischen Nachwuchsgruppen. Im „Reichbanner Schwarz-Rot-Gold" trat er für den Erhalt der Republik ein, mit 18 Jahren wurde er Mitglied der SPD. 1933 ging Kühn ins Exil, er überlebte in Belgien und arbeitete bei Untergrundzeitungen. 1946 kehrte Kühn nach Deutschland zurück und arbeitete zunächst als Journalist, von 1948 bis 1954 war er Mitglied im Landtag von Nordrhein-Westfalen. 1953 wurde er in den Bundestag gewählt, dem er bis 1963 angehörte. 1962 kehrte Kühn als SPD-Fraktionsvorsitzender nach Düsseldorf zurück, im gleichen Jahr wurde er SPD-Landesvorsitzender. 1966 wurde mit den Stimmen der FDP zum Ministerpräsidenten gewählt, er behielt das Amt bis 1978. Anschließend saß Kühn noch bis 1984 im Europaparlament und leitete die Friedrich-Ebert-Stiftung. Von 1978 bis 1980 war er Ausländer-Beauftragter der Bundesregierung. Kühn starb 1992 in Köln.

nen Koalition von SPD und FDP. So wurde am 8. Dezember 1966 zum zweiten Mal in der Geschichte des Landes eine Regierung durch ein konstruktives Misstrauensvotum gestürzt, der Landesvositzende der SPD, Fraktionschef Heinz Kühn, wurde zum neuen Ministerpräsidenten gewählt.

Von der Vorgängerregierung übernahm Heinz Kühn auch die Probleme des Landes – im Juni 1967 diskutierte der Landtag erneut über die Kohlekrise und die Schaffung von Ersatzarbeitsplätzen.

Die Kühn-Garantie: "Non-Stop für die Reformen!" SPD. Die sichere Hand für unser Land

Plakat der SPD zur Landtagswahl 1970.

Die Wahl Kühns war mehr als ein bloßer Regierungswechsel. Es sollte ein echter Machtwechsel werden, denn sie leitete eine Phase von fast vier Jahrzehnten ein, in denen die SPD die Landespolitik allein oder mit Partnern dominieren sollte. Das Jahr 1966 markiert damit einen tiefen Einschnitt in der Landesgeschichte.

Die Ära Kühn

Der Regierungsantritt von Ministerpräsident Kühn fiel in eine Zeit allgemeiner Aufbruchstimmung. Die neue Regierung intensivierte die Schulreform und führte auch das Hochschulprogramm weiter. Ebenso gelang ihr die schon beschriebene vorläufige Entschärfung der Kohlekrise. Eine groß angelegte kommunale Neugliederung wurde in Angriff genommen und bis 1975 umgesetzt, ebenso wie der Beginn einer planvollen Strukturpolitik zur Modernisierung des Landes. Der Staat weitete in diesen Jahren seine Angebote und Leistungen auf allen Gebieten aus. Noch nicht erkennbar waren damals die langfristigen finanziellen Folgen, die heute eine große Belastung darstellen.

In Juni 1975 holte Kühn mit Inge Donnepp erstmals seit den fünfziger Jahren wieder eine Frau ins Landeskabinett. Gleichzeitig berief er Barbara von Sell zur ersten Frauenbeauftragten des Landes. Damit reagierte die Landesregierung auf die Frauenbewegung im Land und ihre Forderungen zur Gleichstellung von Frauen in Staat und Gesellschaft. Der Förderung der besonderen Anliegen der Frauenbewegung – die bessere Vereinbarkeit von Familie und Beruf und der Kampf gegen sexuelle Gewalt – diente das unter Kühns Nachfolger eingerichtete Gleichstellungsministerium.

Kühns zupackende und pragmatische Art sicherte ihm trotz der anhaltenden Strukturkrise des Landes das Vertrauen der Bürgerinnen und Bürger. Bei den Landtagswahlen von 1970 und 1975 wurde seine Regierungskoalition bestätigt, jedoch gelang es der CDU, aufzuholen und wieder zur stärksten Partei im Land zu werden.

Im Frühjahr 1978 musste die Landesregierung ihr Gesetz zur Einführung der Kooperativen Gesamtschule auf Druck eines von der CDU initiierten Volksbegehrens zurückziehen, was für den Ministerpräsidenten zweifellos eine erhebliche politische Niederlage bedeutete. Zusätzlich verlor Kühn durch eine Affäre um Landesbankchef Poullain an Ansehen. Früher als beabsichtigt legte er daraufhin im September 1978 sein Amt nieder.

Die Ära Rau

Als Nachfolger von Kühn setzte sich in einer parteiinternen Kampfabstimmung der damals 49-jährige Wissenschaftsminister Johannes Rau gegen Finanzminister Diether Posser durch. Er wurde am 30. September 1978 zum sechsten Ministerpräsidenten des Landes Nordrhein-Westfalen gewählt. In

Plakat der CDU zur Landtagswahl 1975.

seiner Regierungszeit erreichte die SPD den Höhepunkt ihres politischen Einflusses in Nordrhein-Westfalen. Bei den drei folgenden Landtagswahlen in den Jahren 1980, 1985 und 1990 gelang es dem Ministerpräsidenten und seiner Partei, die absolute Mehrheit im Landtag zu erringen. Diese anhaltende Vormachtstellung machte das Land in dieser Zeit zum Kernland der Sozialdemokratischen Partei in Deutschland.

Zum ersten Wahlsieg Raus 1980 trug sicherlich bei, dass der Spitzenkandidat der CDU, Heinrich Köppler, während des Wahlkampfes starb und durch den weniger populären Kurt Biedenkopf ersetzt werden musste. Auch spielte eine Rolle, dass die Landtagswahl von der SPD als Stimmungswahl gegen den Kanzlerkandidaten der CDU/CSU bei der im gleichen Jahr stattfinden Bundestagswahl, Franz-Josef Strauß, inszeniert wurde.

HEIKE MAKATSCH, Schauspielerin, geboren am 13. August 1971 in Düsseldorf. Makatsch studierte vier Semester Politik und Soziologie, dann begann sie eine Lehre als Schneiderin. 1993 ging sie zum Fernsehsender VIVA, 1995 wurde sie Moderatorin der Jugendsendung „Bravo TV". während dieser Zeit entstand ihr Image als „quirliges Girlie." 1996 wechselte Makatsch zum Film und konnte sich schnell als ernst zu nehmende Schauspielerin etablieren. Für Ihre Rolle in „Männerpension" erhielt sie den Bayerischen Filmpreis, es folgten unter anderem Rollen in „Bin ich schön?" (1998), „Aimée und Jaguar" (1999), „Das Wunder von Lengede" (2003), „Almost Heaven" (2005) sowie „Margarete Steiff" (2005). 2002 erhielt sie die Goldene Kamera, 2003 einen Bambi, 2006 den Bayerischen Filmpreis. Nach einigen Jahren in London lebt Makatsch heute in Berlin.

Neben dieser aktuellen politischen Konstellation führten aber auch langfristige Entwicklungen zur Verschiebung der politischen Landschaft. 1959 hatte sich die SPD in Bad Godesberg ein neues Programm gegeben, mit dem sie sich von ihrer Vergangenheit als marxistische Klassenpartei endgültig verabschiedete. Als soziale Volkspartei mit einem klaren Bekenntnis zur sozialen Marktwirtschaft und zur Westbindung in der Außenpolitik wurde sie für neue Wählerschichten attraktiv.

Die programmatische Neuorientierung der SPD fiel in eine Zeit großer gesellschaftlicher Veränderungen. Die traditionellen sozialen Bindungen begannen sich aufzulösen, der Einfluss der Kirchen auf die Menschen ging zurück. Vor allem im Ruhrgebiet konnte die SPD von dieser Entwicklung profitieren. Hier hatte es vor der Zeit des Nationalsozialismus eine starke kommunistische Partei gegeben, deren Nachfolgeorganisationen nun immer mehr an Bedeutung verloren. Auch der im Revier traditionell sehr starke soziale Katholizismus verlor an politischem Einfluss, immer mehr Katholiken wählten die SPD. Im Ergebnis hat man von einer „Sozialdemokratisierung" des Ruhrgebiets gesprochen.

Auch die gesamtpolitische Entwicklung in Deutschland führte zur Stärkung der SPD in Nordrhein-Westfa-

Plakat der SPD zur Landtagswahl 1985.

len. Nach dem Regierungswechsel in Bonn von Helmut Schmidt zu Helmut Kohl im Oktober 1982 regierten im Bund und im Land für rund 16 Jahre unterschiedliche Parteienbündnisse. Wie schon in den sechziger Jahren konnte die SPD in den Ländern von der Enttäuschung vieler Wähler über die CDU-geführte Bundesregierung profitieren. Nicht zufällig begann in diese Zeit die Betonung von „Wir in NRW". Das Land sollte als Gegenmodell zur Politik der Bundesregierung dienen.

Johannes Rau
(1931–2006)

Rau wurde in Wuppertal als Sohn eines Predigers geboren. Er absolvierte eine Lehre als Verlagsbuchhändler und arbeitete als Lektor, später wurde er Geschäftsführer eines Verlages. 1957

Dass es der Landesregierung gelang, Kompetenz in Themen der Ökologie zu demonstrieren, wurde zum weiteren Pluspunkt für Rau. Seine Forderung, die negativen Folgen der Industrialisierung mit den Mittel der Industriegesellschaft zu bekämpfen, führte zu einem Schwerpunkt beim Ausbau der Umwelttechnologie, hier gewann Nordrhein-Westfalen eine Führungsrolle. Und dieser Bereich schuf sogar Arbeitsplätze – ein knappes Drittel aller in Deutschland in diesem Feld tätigen Unternehmen haben ihren Sitz in NRW. Das umweltpolitische Engagement der SPD in NRW – eng verbunden mit der Person des Umweltministers Klaus Matthiesen – erklärt wahrscheinlich auch, warum die Partei der Grünen erst 1990 in den Landtag einziehen konnte, fast ein Jahrzehnt später als in andere Länderparlamente oder in den Bundestag.

Nicht vergessen werden sollte schließlich auch die Person des Ministerpräsidenten. Sein auf Konsens ausgerichteter Politikstil („Versöhnen statt Spalten") blieb im Land trotz enormer wirtschaftlicher Probleme lange populär. Auch zwei gescheiterte Versuche, in die Bundespolitik zu wechseln – Rau kandidierte 1987 als Spitzenkandidat der SPD für das Amt des Bundeskanzlers und 1994 als Bundespräsident – schienen seiner Beliebtheit bei den Bürgerinnen und Bürgern nichts anhaben zu

trat Rau in die SPD ein, 1958 wurde er in den Landtag gewählt, dem er bis 1999 angehörte; von 1968 bis 1999 war er Mitglied des Parteivorstandes der SPD. 1970 wurde Rau für acht Jahre Minister für Wissenschaft und Forschung des Landes NRW, in dieser Zeit initiierte er die Gründung von fünf Gesamthochschulen. 1978 konnte er sich parteiintern als Nachfolger Kühns durchsetzen und wurde Ministerpräsident des Landes Nordrhein-Westfalen. In seiner Amtszeit hatte er sich insbesondere mit den Folgen des Strukturwandels auseinander zu setzen. 1987 war Rau Spitzenkandidat der SPD bei der Bundestagswahl. 1988 erreichte Rau bei der Montan-Konferenz mit Bundeskanzler Helmut Kohl ein umfassendes Hilfsprogramms zur Unterstützung des Ruhrgebiets. 1993 war Johannes Rau SPD-Kandidat für das Amt des Bundespräsidenten, unterlag 1994 aber Roman Herzog. 1998 zog sich Rau von allen nordrhein-westfälischen Ämtern zurück. Im November wurde er erneut Kandidat der SPD für das Amt des Bundespräsidenten, 1999 wurde er gewählt. In den Mittelpunkt seiner Amtszeit stellte Rau Fragen der Versöhnung. 2000 hielt er als erster deutscher Bundespräsident eine Rede in deutscher Sprache vor dem israelischen Parlament. Im September 2003 gab Rau bekannt, bei der nächsten Wahl nicht mehr für das Amt des Bundespräsidenten zu kandidieren, im Juni 2004 wurde er verabschiedet. Noch im selben Jahr musste er sich zwei schweren Operationen unterziehen. Johannes Rau starb am 27. Januar 2006 in Berlin.

können. Schließlich mehrten sich in der SPD aber doch die Stimmen, die einen Wechsel befürworteten. Nach fast zwanzigjähriger Amtszeit trat Rau im Mai 1998 – zwei Jahre vor der nächsten Landtagswahl – zurück, zu seinem Nachfolger wurde Wolfgang Clement gewählt. Rau kandidierte 1999 zum zweiten Mal und jetzt mit Erfolg als Bundespräsident.

Neue Nutzung gesucht:
Beim dem Abriss des Hütten-
und Stahlwerks in Rhein-
hausen blieb die 1902 ge-
baute Halle der ehemaligen
Hauptwerkstatt stehen. Die
neue Verwendung für das
denkmalgeschütze Gebäude
steht noch nicht fest.

Strukturwandel als Daueraufgabe

Die Kohlekrise in den sechziger Jahren hatte gezeigt, dass in der Wirtschaft einschneidende Veränderungen vor sich gingen. Tatsächlich war die Krise der sechziger Jahre nur ein Vorgeschmack
auf das, was noch folgen sollte. In den Jahrzehnten seit 1970 setzte ein Strukturwandel ein, der
weite Teile der nordrhein-westfälischen Wirtschaft erfasste. Zwar blieb Nordrhein-Westfalen in
Deutschland ein wirtschaftliches Schwergewicht, aber im Vergleich mit süddeutschen Ländern
wie Baden-Württemberg und Bayern fiel Nordrhein-Westfalen zurück. Der Aufbau und Ausbau
moderner Industrien in den ehemals eher landwirtschaftlich geprägten süddeutschen Regionen
relativierte die Bedeutung des schwerindustriellen Ballungsraumes an Rhein und Ruhr.

Krise der alten Industrien

Die wirtschaftliche Krise erfasste in Nordrhein-Westfalen nahezu alle traditionellen Wirtschaftszweige. Die Ursachen waren vielfältig. Die Stahlindustrie etwa wurde – als Folge des zuneh-
menden Einsatzes von Kunststoffen und anderen Metallen – durch den weltweiten Rückgang
der Nachfrage getroffen, während gleichzeitig die preisgünstiger produzierende Konkurrenz aus
Schwellenländern auf den Weltmarkt drängte. Personalintensive Produktionszweige wie die Textilindustrie spürten die Konkurrenz von Billiglohnländern ganz besonders. Die zahlreichen Textil-
fabriken insbesondere im Münsterland und in Ostwestfalen sind heute fast völlig verschwunden,
Textilien werden heute zum größten Teil aus Asien importiert.

Der massive Abbau von Arbeitsplätzen in den traditionellen Wirtschaftszweigen, der mit der Kohlekrise eingesetzt hatte, setzte sich in den achtziger und neunziger Jahren beschleunigt fort. Um ihre Wettbewerbsfähigkeit zu erhalten, blieb den Unternehmen gar nichts anderes übrig, als zu rationalisieren und Personal einzusparen. Es kam zu Firmenzusammenschlüssen, aber auch zu Werksschließungen. Betroffen waren nahezu alle „alten" Industrien, neben Kohle und Stahl die Textilindustrie ebenso wie die Möbelbranche Ostwestfalens. Wie die Tabelle zeigt, gingen innerhalb von nicht einmal 20 Jahren fast zwei Drittel der Arbeitsplätze verloren. Andere Zweige der Wirtschaft konnten ihre Position dagegen ausbauen und wurden im Gefüge der Wirtschaft wichtiger: die Chemieindustrie etwa, der Maschinenbau und die Elektrotechnik.

Das Ausmaß der Arbeitsplatzverluste: Anzahl der Beschäftigten in ausgewählten Wirtschaftszweigen		
	1980	1998
Bergbau	178.800	71.400
Stahl	200.000	62.000
Textil	82.000	39.000
Gesamt	460.800	172.400
In Prozent	100	37,4

Quelle: NRW-Lexikon. Politik, Gesellschaft, Wirtschaft, Recht. Opladen 2000, S. 20, 290

Die Folge der Entlassungen war ein rapider Anstieg der Arbeitslosigkeit. Hatte die Arbeitslosenquote in Nordrhein-Westfalen in den fünfziger und sechziger Jahrzehnten immer unter der Quote für die ganze Bundesrepublik gelegen, so kehrte sich das Verhältnis nun um. Da es nicht gelang, ausreichend neue Arbeitsplätze zu schaffen, lag die Arbeitslosigkeit in Nordrhein-Westfalen seit den siebziger Jahren höher als im Bundesdurchschnitt und betrug in den achtziger und neunziger Jahren deutlich über zehn Prozent. Besonders hoch waren die Zahlen wiederum im Ruhrgebiet und bei besonderen Bevölkerungsgruppen wie den ausländischen Arbeitnehmern. Arbeitslos zu sein, ist für viele Betroffene seitdem ein Dauerzustand. Erst die positive gesamtwirtschaftliche Entwicklung hat in den letzten Jahren die Arbeitslosenzahlen wieder sinken lassen. NRW liegt aber weiterhin – wenn auch nur noch geringfügig – über dem Wert für ganz Deutschland.

Gegensätze in Gronau: Auf dem Gelände einer abgerissenen Textilfabrik fand 2003 die Landesgartenschau statt, zu der die Brücke im Vordergrund gehört. Die benachbarte, 1910/11 erbaute Spinnerei der Fa. van Delden wartet dagegen immer noch auf eine neuen Nutzung

Der Arbeitskampf in Rheinhausen

Als im Dezember 1987 bekannt wurde, dass das Krupp-Stahlwerk in Duisburg-Rheinhausen mit rund 6.000 Beschäftigten geschlossen werden sollte, wollten die Beschäftigten dies nicht hinnehmen. Mit Massenprotesten versuchten sie die Schließung zu verhindern: Sie sperrten Straßen, blockierten die Rheinbrücke und ernteten starke Solidarität nicht nur in ihrer Stadt. Rheinhausen wurde zum Symbol der Stahlkrise in Deutschland und der Perspektivlosigkeit vieler Industriestädte an Rhein und Ruhr. Aufhalten konnten die Arbeiter die Werksschließung nicht, nach einer Gnadenfrist machte die Hütte 1993 endgültig „dicht". Unter Beteiligung der Landesregierung gelang es immerhin, einen Sozialplan auszuhandeln, der den betroffenen Beschäftigten eine neue berufliche Zukunft eröffnete. Auf dem Gelände des Hütten- und Stahlwerks, das zeitweise das größte in Europa gewesen war, entstand nach dem sich Jahre hinziehenden Abbruch ein Dienstleistungs- und Logistikzentrum.

Die Stillegung des Hüttenwerks war nicht zu verhindern. Nach der „Rheinhausen-Konferenz" 1988 konnte Ministerpräsident Rau immerhin einen Aufschub bis 1991 bekannt geben. Endgültig wurde das Werk 1993 geschlossen.

Auf dem Gelände des Hüttenwerks entstand unter anderem ein Logistikzentrum. Am Hafen des Hüttenwerks traten Umschlagkräne für Container an die Stelle der Hochöfen.

Strukturwandel in Nordrhein-Westfalen (Beitrag der Wirtschaftsbereiche zur wirtschaftlichen Gesamtleistung)				
Land- und Forstwirtschaft	2,0	1,3	0,9	0,7	0,5
Produzierendes Gewerbe	55,7	46,3	42,2	29,9	29,5
Dienstleistungen	42,3	52,4	56,8	69,4	70,0
	1970	1980	1990	2000	2011

Quelle 1970–2000: Nordrhein-Westfalen. Wirtschaft, Gesellschaft, Politik im Schaubild, Berlin 2001.
Quelle 2011: www.nrwinvest.com (Bruttowertschöpfung)

Wirtschaftlicher Wandel

Es sind vor allem drei Bereiche, die das neue Bild der Wirtschaft prägen und von denen ein weiteres Wachstum erwartet wird: die Dienstleistungen, die neuen Technologien und die modernen Medien.

Der Dienstleistungsbereich hat das produzierende Gewerbe als wichtigster Arbeitsgeber im Land längst überholt und beschäftigt mittlerweile rund zwei Drittel aller Erwerbstätigen in Nordrhein-Westfalen. Zum Dienstleistungsbereich rechnet man Arbeitsplätze in ganz unterschiedlichen Bereichen, so etwa in Handel und Gastgewerbe, im Gesundheits- und Sozialwesen, in der öffentlichen Verwaltung, aber auch im Bank- und Versicherungsgewerbe und im Verkehrswesen.

Mit der rasanten Entwicklung der neuen Informations- und Kommunikationstechnologien sind auch in diesem Bereich zahlreiche neue Arbeitsplätze entstanden. Das bekannteste deutsche Unternehmen dieser Branche war Nixdorf in Paderborn. Firmengründer Heinz Ni

Heinz Nixdorf (1925–1986) begann 1952 mit dem Bau von Rechenmaschinen, 1964 brachte er den ersten Kleincomputer auf den Markt. In den siebziger Jahren war die Nixdorf Computer AG der größte deutsche Computerhersteller.

HEIDI KLUM, Modell, geboren am 1. Juni 1973 in Bergisch Gladbach. 1992 gewann Klum den „Model 92"-Wettbewerb der TV-Show „Gottschalk" und absolvierte ihr Abitur, 1993 zog sie für eine Model-Karriere nach New York. 1998 gelang ihr der Durchbruch mit der Abbildung auf der Titelseite der „Sports Illustrated", seitdem zählt sie zu den gefragtesten Models der Welt. Klum nutzte ihre Bekanntheit für Werbungverträge, 2004 erschien ihre erste Modekollektion. Im gleichen Jahr startete sie eine Fernsehshow im US-amerikanischen Fernsehen. 2005 moderierte sie (mit anderen) die Gruppenauslosung der Fußball-WM 2006, seit 2006 die Casting-Show „Germany's Next Topmodel". Klum war mit dem britischen Sänger Seal verheiratet, ist mehrfache Mutter und lebt in den USA.

Der Westdeutschen Rundfunk hat wesentlich dazu beigetragen, den Ruf von Köln als Medienstadt zu begründen. 1996 wurden in unmittelbarer Nähe der Zentrale die „WDR-Arkaden" eröffnet, die neben Einrichtungen des Senders auch Geschäfte enthalten.

seine ersten Computer entwickelt. Daraus entwickelte sich ein Großunternehmen, das zu einem wichtigen Faktor im Raum Paderborn geworden ist.

Der dritte Bereich umfasst schließlich die Medienwirtschaft. Nordrhein-Westfalen hat sich in den letzten Jahren zu einem Medienland gewandelt. Dazu gehört – neben traditionellen Medienunternehmen wie Buch- und Zeitungsverlagen – inzwischen auch das Großunternehmen Bertelsmann, das international in den verschiedensten Mediensparten tätig ist. Bertelsmann hat sich aus kleinen Anfängen im 19. Jahrhundert zum Weltkonzern entwickelt, seinen Sitz aber bis heute im ostwestfälischen Gütersloh behalten.

Bedeutung hat vor allem das Fernsehen gewonnen. Neben dem öffentlich-rechtlichen Funk- und Fernsehsender WDR – mit seiner Zentrale in Köln und Regionalstudios in allen Teilen Nordrhein-Westfalens ohnehin ein großer Arbeitgeber – haben sich mit RTL und VOX auch noch zwei große Privatsender in Köln niedergelassen. Vervollständigt wird das Rundfunkangebot durch 46 regionale und lokale Radiosender, deren überregionales Mantelprogramm bei „radio NRW" in Oberhausen produziert wird.

Die Zentrale von RTL Television in Köln. 2010 bezog der Sender seine neue Zentrale in den ehemaligen Messehallen im Stadtteil Deutz.

Strukturpolitik des Landes

Das Land Nordrhein-Westfalen versucht durch eine aktive Strukturpolitik den wirtschaftlichen Wandel so gut es geht zu unterstützen. Ging es in der Nachkriegszeit zunächst darum, die Entwicklung der ländlichen Gebiete zu fördern, so rückte nach der Kohlekrise die Unterstützung des Strukturwandels in den Ballungsgebieten in den Mittelpunkt.

Im Vergleich zu dem großen Gewicht, das die alten Industrien lange Zeit besaßen, sind die Erfolge eher begrenzt, die neuen Unternehmen und Branchen können den Abbau in den traditionellen Wirtschaftszweigen nicht aufwiegen. Im Ergebnis wächst die Wirtschaft Nordrhein-Westfalens nach wie vor langsamer als die in anderen Bundesländern. Ein Ende der Veränderungen in der Wirtschaft des Landes ist nicht absehbar, der Strukturwandel ist zur Daueraufgabe geworden. Die 2005 neu angetretene Landesregierung versucht den Strukturwandel mit dem Abbau von bürokratischen Hemmnissen zu unterstützen, zudem steht die bis dahin vielfach nach dem Prinzip der Gießkanne erfolgte (also weit verstreute) Förderung auf dem Prüfstand.

Zumindest in der Außendarstellung kann das Land aber durchaus Erfolge verzeichnen. Der Imagewandel des Ruhrgebietes von einem grauen „Kohlenpott" zu einer modernen Industrieregion, unterstützt unter anderem durch Großprojekte wie die Internationale Bauausstellung Emscherpark (IBA), hat dem wichtigsten Ballungsraum des Landes eine neue Grundlage verschafft. Durch die Wahl der Stadt Essen zur Kulturhauptstadt Europas 2010 hat das Ruhrgebiet die Möglichkeit erhalten, sich in gewandeltem Zustand auch international zu präsentieren.

In allen Farben wird das alte Hüttenwerk im Landschaftspark Duisburg Meiderich nachts angestrahlt. Das eindrucksvolle Schauspiel gehört zu den Projekten der IBA Emscherpark.

FRANKA POTENTE, Schauspielerin, geboren am 22. Juli 1974 in Münster, aufgewachsen in Dülmen. Nach dem Abitur besuchte sie eine Schauspielschule in München, brach die Ausbildung aber nach zwei Jahren ab. 1996 bekam sie ihre erste Hauptrolle im Film „Nach Fünf im Urwald". Der Durchbruch gelang ihr 1998 mit der Titelrolle in Tom Tykwers international Aufsehen erregendem Film „Lola rennt". 2000 folgte mit Tykwer der Film „Der Krieger und die Kaiserin", im gleichen Jahr wirkte sie im Kassenschlager „Anatomie" mit. Potente zog für einige Jahre nach Hollywood, 2001 spielte sie in „Blow" mit Johnny Depp und 2002 in „Die Bourne Identität" mit Matt Damon. 2004 zog Potente zurück nach Berlin, 2005 wirkte sie im Horrorstreifen „Creep" mit, 2006 im Film „Che" und in der Romanverfilmung „Elementarteilchen". Es folgen diverse Fernsehfilme und Gastauftritte in Serien. Franka Potente wohnt mit ihrer Familie in Los Angeles.

Menschen unterschiedlicher Nationalitäten – in Deutschland gehören sie längst zum gewohnten Straßenbild.

Herausforderungen der Zuwanderungsgesellschaft

Nordrhein-Westfalen ist nicht nur das bevölkerungsreichste deutsche Bundesland, in ihm leben auch mehr Menschen mit einem ausländischen Pass als in allen anderen Ländern. Derzeit sind es rund 1,8 Millionen Menschen, etwa ein Zehntel der Einwohnerinnen und Einwohner. Gemessen am prozentualen Anteil liegt NRW damit nicht einmal an der Spitze, sondern wird von den Stadtstaaten Berlin, Hamburg und Bremen, aber auch von Flächenländern wie Baden-Württemberg oder Hessen übertroffen. Die Zahl der Menschen, die nach Nordrhein-Westfalen gekommen sind, ist indessen weitaus größer. Dazu zählen auch Deutsche, die als Flüchtlinge, Vertriebene oder als Spätaussiedler ins Land kamen, ebenso die Menschen ausländischer Herkunft, die inzwischen die deutsche Staatsbürgerschaft erworben haben.

Ein Land mit Zuwanderungsgeschichte

Das Land zwischen Rhein und Weser ist in den letzten eineinhalb Jahrhunderten regelmäßig Ziel für Zuwanderung gewesen. Im 19. und frühen 20. Jahrhundert war es vor allem das Ruhrgebiet, das wie ein Magnet Arbeitskräfte aus der näheren und weiteren Umgebung anzog, bis hin zu polnischstämmigen Bergleuten aus den entlegenen preußischen Ostprovinzen. Wie oben beschrieben kamen nach dem Zweiten Weltkrieg viele Flüchtlinge und Vertriebene nach Nordrhein-Westfalen. Bis zum Bau der Mauer 1961 folgte ihnen eine große Zahl von Übersiedlern aus der DDR.

Seit den fünfziger Jahren waren Arbeitskräfte aus dem Ausland in Deutschland willkommen – wenn auch eher für Arbeiten mit geringer Qualifikation.

Gleichwohl waren und blieben Arbeitskräfte im Wirtschaftswunderland Deutschland knapp, und so schloss die Bundesregierung – wie bereits angesprochen – ab 1955 Anwerbeabkommen mit südeuropäischen Staaten – 1955 mit Italien, 1960 mit Spanien und Griechenland, 1961 mit der Türkei, 1964 mit Portugal und 1968 mit Jugoslawien. Die Abkommen regelten, wie die Arbeitskräfte in ihren Heimatländern ausgewählt werden sollten, aber auch ihre Stellung in der deutschen Sozialversicherung. Faktisch wurde so eine weitere Zuwanderungswelle ausgelöst, denn die Vorstellung, dass diese „Gastarbeiter" – wie man sie damals allgemein nannte – nach einigen Jahren wieder in ihre Heimatländer zurückkehren würden, traf nur bedingt zu. 1973 stoppte die Bundesregierung als Reaktion auf die „Ölkrise" (der plötzlich stark steigende Ölpreis löste einen regelrechten Schock aus) und eine beginnende Wirtschaftskrise die Anwerbung ausländischer Arbeitskräfte. Etliche der Arbeitsmigranten verzichteten trotz der verschlechterten Arbeitsmöglichkeiten auf die Rückkehr – in ihren Heimatländern waren die Aussichten oft nicht besser. Viele blieben dauerhaft in Deutschland, sie holten ihre Angehörigen nach oder gründeten hier eine Familie.

Neben den Flüchtlingen und Gastarbeitern gab es weitere Gruppen an Zuwanderern. So waren schon seit den fünfziger Jahren deutschstämmige Aussiedlerinnen und Aussiedler vornehmlich aus Polen und Rumänien nach Deutschland gekommen. Ende der achtziger Jahre, mit dem Zusammenbruch der Sowjetunion, wuchs ihre Zahl – und damit auch die in Nordrhein-Westfalen – stark an. Hinzu kamen jüdische Auswanderer aus den ehemals sowjetischen Staaten, Flüchtlinge und Übersiedler aus der DDR, Asylbewerber aus den unterschiedlichsten Ländern (nach dem Grundgesetz anerkannt oder zumindest geduldet), schließlich noch die Bürgerkriegsflüchtlinge aus dem ehemaligen Jugoslawien.

Zuwanderung und Zugewanderte gehören also zu Nordrhein-Westfalen. Sie sind Teil der Geschichte und der Gegenwart des Landes, sie haben es bereichert und gehören zu seiner Identität.

Ein wenig Statistik

Selbst wenn die Zahlen mittlerweile rückläufig sind, gilt immer noch: Etwa jede(r) zehnte Einwohner(in) von Nordrhein-Westfalen besitzt einen ausländischen Pass. Die größte Gruppe von ihnen stammt aus der Türkei, insgesamt mehr als eine halbe Million Menschen oder

Ausländeranteil in den Kreisen des Landes Nordrhein-Westfalen am 31. Dezember 1991. Hellgrün: unter 4 Prozent, grün: 4 bis 8 Prozent, blau: 8 bis 12 Prozent, lila: über 12 Prozent. Inzwischen sind die Zahlen vor allem durch die erleichterte Einbürgerung gesunken.

Ausländer (bzw. jede dritte Ausländerin). Als wichtige Herkunftsländer folgen Serbien-Montenegro und Italien, Griechenland und Polen liegen auf den Plätzen vier und fünf.

Die ausländische Bevölkerung verteilt sich sehr ungleich über das Land (siehe Karte). Während im münsterländischen Coesfeld nur jeder 25. Einwohner (bzw. Einwohnerin) einen fremden Pass besitzt, ist es in der Landeshauptstadt Düsseldorf jeder bzw. jede Sechste. Die Mehrzahl der Menschen mit ausländischem Pass lebt in den Großstädten. Den höchsten Ausländeranteil hat Düsseldorf mit 17,8 Prozent, gefolgt von Köln (17,4), Aachen (17,3), Bonn (16,8) und Duisburg (16,4 Prozent). Allerdings sagen diese Zahlen noch nichts über die Konzentration von Ausländern in einzelnen Stadtteilen oder über die Zusammensetzung der ausländischen Wohnbevölkerung aus. In Duisburg haben mehr als 56 Prozent der Ausländerinnen und Ausländer einen türkischen Pass und prägen das Straßenbild einiger Stadtteile stark. In Düsseldorf gibt es dagegen Menschen aus besonders vielen Ländern. Auffällig ist die große Zahl der in der Stadt lebenden Japanerinnen und Japaner – was damit zusammenhängt, dass sich die Deutschland- bzw. Europazentralen zahlreicher japanischer Unternehmen hier niedergelassen haben. Inzwischen hat sich hier eine entsprechende Infrastruktur entwickelt.

Integration als Herausforderung

Da viele der ins Land gekommenen Menschen – Flüchtlinge, Gastarbeiter, Spätaussiedler, Asylbewerber – sich für einen dauerhaften Aufenthalt entschieden haben, müssen sie nicht nur untergebracht, sondern auch in die Gesellschaft integriert (eingegliedert) werden. Dieser Prozess war und ist mit Herausforderungen verbunden – für die Zugewanderten ebenso wie für die einheimische Bevölkerung. Von den Vertriebenen und Flüchtlingen unmittelbar nach Kriegsende war bereits die Rede. Ihre Integration erscheint rückblickend als sehr erfolgreich, weil die Neuankömmlinge in der wirtschaftlich aufstrebenden Nachkriegsgesellschaft rasch ihren Platz fanden. Das insgesamt positive Ergebnis darf aber nicht darüber hinweg täuschen, dass die Eingliederung für die

Gute Kenntnisse der
deutschen Sprache
sind eine unverzicht-
bare Vorraussetzung
für die Integration.
Im Bild ein Sprachkurs
beim Bildungswerk
Rhein-Sieg 1998.

einzelnen Menschen – wie wir aus Erzählungen von Zeitzeugen wissen – keineswegs ohne Härten und Konflikte verlief.

Als schwieriger hat sich die Integration der seit den fünfziger und sechziger Jahren zugewanderten Arbeitskräfte gestaltet. Dafür gibt es mehrere Gründe. Zum einen unterschieden sich die Lebensweise und Lebenskultur, die die Menschen aus ihren Heimatländern mitbrachten, viel stärker von denen der Mehrheitsbevölkerung in Nordrhein-Westfalen als bei den vorhergehenden Zuwanderungswellen. Hinzu kam, dass die Neuankömmlinge aus Südeuropa und aus der Türkei aufgrund ihrer Qualifikation (entsprechend dem Bedarf der deutschen Unternehmen) vornehmlich als angelernte bzw. ungelernte Arbeitskräfte in der Industrie eingesetzt wurden. Damit waren sie den Schwankungen der Konjunktur besonders ausgesetzt, weil die Unternehmen in Krisenzeiten zuerst solche Arbeitsplätze einsparten.

Schließlich blieben auch die politischen Grundentscheidungen zur Einwanderung nicht ohne Wirkung. Die Einwanderungspolitik ging lange Zeit von dem Grundsatz „Die Bundesrepublik Deutschland ist kein Einwanderungsland" aus, die Möglichkeiten zur Einbürgerung blieben eng begrenzt. Das führte bei den Zugewanderten dazu, dass viele von ihnen ihren faktisch dauerhaften Aufenthalt nicht als solchen verstanden. Die bewusste Entscheidung zum Bleiben blieb deshalb aus. Die Möglichkeit der Rückkehr wurde – zumindest theoretisch – offen gehalten, eine konsequente Integration schon deshalb vermieden.

KOOL SAVAS, Rapper, mit bürgerlichem Namen Savas Yurderi, geboren am 10. Februar 1975 in Aachen. Als Einjähriger kehrte er mit seiner Familie in die Türkei zurück. Dort wurde sein Vater aus politischen Gründen inhaftiert, so dass seine Mutter wieder nach Aachen zog. 1987 ging die Familie nach Berlin, wo Savas erstmals mit Rap in Berührung kam. Seine Karriere als Rapper begann mit dem Titel „Warum rappst du?-EP", in den folgenden Jahren machte er vor allem durch skandalöse Texte auf sich aufmerksam. 2001 wechselte er die Plattenfirma, 2002 erschien das erste Album in seiner eigenen Plattenfirma „Optik Records". Zeitweise trat Kool Savas mit Eko Fresh auf, dessen Talent er entdeckt hatte. Seit ihrem Zerwürfnis befehden sich die beiden mit „Diss-Tracks". Mit dem Rapper Azad brachte Savas 2005 das Album „One" heraus. Sein 2011 veröffentlichtes drittes Soloalbum „Aura" schaffte es auf Platz 1 der Charts. Kool Savas lebt in Heidelberg.

1980 1981 1982

Im Mai 1993 wurde auf ein von Türken bewohntes Haus in Solingen ein folgenschwerer Brandanschlag verübt – fünf Menschen kamen dabei ums Leben.

Neue Schwierigkeiten

Angang der neunziger Jahre wurde die Situation immer komplizierter. Die Folgen des Strukturwandels wurden immer deutlicher und betrafen in besonderer Weise die in den sechziger Jahren Zugewanderten und ihre Familien. Schien es in den siebziger und achtziger Jahren noch so, als würde sich der Abstand zwischen ihnen und der Mehrheitsbevölkerung – bei Einkommen, Qualifikation und sozialem Ansehen – verringern, so wuchs er nun wieder an. Zugleich kam seit Ende der achtziger Jahre mit den (Spät-)Aussiedlern aus der ehemaligen Sowjetunion (zwischen 1989 und 2003 rund 790.000 Personen) und den Übersiedlern aus der ehemaligen DDR eine neue Welle von Zuwanderinnen und Zuwanderern ins Land. Die Konflikte wurden stärker, der Umgangston schärfer. Der Rückzug vieler Zugewanderter in ihre jeweiligen Gemeinschaften, in „Türkenviertel" oder „Russenkolonien", sowie die wachsende religiöse Orientierung vieler muslimischer Zuwanderer wurde immer deutlicher. Diese Abkapselung führte zu „Parallelgesellschaften", die bis heute das Zusammenleben und die unverzichtbare Integration erschweren.

Zu Beginn der neunziger Jahre, als die wirtschaftlichen und sozialen Probleme der deutschen Wiedervereinigung immer sichtbarer wurden, verstärkten sich in Deutschland in erschreckender Form rechtsradikale Gewalttaten. Viele der Ausschreitungen und Gewalttaten waren fremdenfeindlich. In ganz Deutschland gab es Anschläge auf die Unterkünfte von Asylsuchenden, von Aussiedlern, aber auch von türkischen Zuwanderern. Der blutige Höhepunkt dieser Gewaltserie ereignete sich in Nordrhein-Westfalen. Bei einem Anschlag auf das Haus einer türkischen Familie in Solingen wurden am 29. Mai 1993 fünf Mädchen bzw. junge Frauen getötet – alle in Deutsch-

EKO FRESH, Rapper, mit bürgerlichem Namen Ekrem Bora, geboren am 3. September 1983 als Sohn türkischer Einwanderer in Mönchengladbach. Eko begann mit 15 zu rappen, nach der zehnten Klasse ging er deshalb vom Gymnasium ab. Auf einem Konzert zu seinem 17. Geburtstag entdeckte Kool Savas sein Talent, fortan traten beide gemeinsam auf und nahmen „König von Deutschland" auf. Nach einem Zerwürfnis der beiden wechselte Eko Fresh zu Sony BMG und produzierte dort drei Alben, seine Single „Ich bin jung und brauche das Geld" erreichte Platz 5 der deutschen Charts. 2004 gründete Eko sein eigenes Label, 2004 wurde er für den ECHO nominiert. Weiterhin ist Eko Fresh als Songwriter tätig, u.a. schrieb er den von von Yvonne Catterfeld gesungenen Song „Du hast mein Herz gebrochen". 2006 wechselte er zu Bushidos Label „ersguterjunge", 2011 erschien sein fünftes Album „Ekrem", das auf Platz 5 der Charts landete. Eko Fresh wohnt in Köln-Kalk.

land geboren oder seit langem hier lebend. Der Anschlag wirkte schockierend. Weite Teile der Bevölkerung und die Politik setzten deutliche Zeichen gegen die Fremdenfeindlichkeit im Land. Nicht zuletzt wegen dieser Erfahrung hat Johannes Rau, damals Ministerpräsident, die Themen Zuwanderung und Integration als besonderes Anliegen mit in seine Zeit als Bundespräsident genommen.

Integration als Ziel der Landespolitik

In ihrer Haltung zu den Fragen der Zuwanderung und Integration unterschieden sich die politischen Parteien auch in Nordrhein-Westfalen traditionell deutlich. Umso bemerkenswerter ist es, dass sich 2001 – während in der Bundespolitik noch über das Zuwanderungsgesetz gestritten wurde – alle Parteien im Landtag in einer gemeinsamen Entschließung dazu bekannten, dass Nordrhein-Westfalen nicht nur in der Vergangenheit Zuwanderung erlebt hat, sondern auch in Zukunft darauf angewiesen sein wird. Die Gesellschaft müsse daher umfassende Anreize zur Integration bieten. Zugleich werde jedoch von den Zugewanderten erwartet, dass sie aktiv an ihrer Integration mitwirken und die im Grundgesetz festgelegten Rechte und Pflichten akzeptieren.

Nach dem Regierungswechsel von 2006 setzte die CDU-geführte Landesregierung diese Linie fort. Ministerpräsident Rüttgers benannte in seiner Regierungserklärung die Integration als eine zentralen Aufgabe der Landesregierung. Zudem schuf er mit dem Ministerium für Generationen, Familie, Frauen und Integration erstmals in der Geschichte der Bundesrepublik ein Ressort zur Koordination der Integrationspolitik. 2010 blieb es in der neuen Regierung als Ministerium für Arbeit, Integration und Soziales erhalten. Nachdem die CDU-geführte Landesregierung im Jahr 2006 einen zwanzig Punkte umfassenden „Aktionsplan Integration" zur Verbesserung der Bildungs- und Erziehungschancen von Kindern aus Familien mit Migrationshintergrund vorgelegt hatte, hat NRW unter der Nachfolgeregierung als erstes deutsches Bundesland mit dem „Teilhabe- und Integrationsgesetz" eine rechtliche Grundlage mit klaren Zielvorgaben für die Integrationspolitik geschaffen. Es kennzeichnet den breiten politischen Konsens in dieser Frage, dass der Landtag dem Gesetz im Februar 2012 fast einstimmig zugestimmt hat.

Viele Einflüsse anderer Kulturen gehören heute zum Alltag: die Pizza vom Italiener, Döner vom Türken, Gyros vom Griechen. Durch die ausländischen Bewohnerinnen und Bewohner ist das Leben bunter geworden

Geordnete Verhältnisse: So stellte man sich in den 1970er Jahren ein gut eingerichtetes Zimmer für Jugendliche vor.

Jugend im Wandel

Die Lebensverhältnisse der Jugendlichen haben sich seit den sechziger Jahren in Nordrhein-Westfalen – wie überhaupt in Deutschland – tiefgreifend verändert. Das lag nicht nur an den verbesserten Lebensumständen, auch das Verständnis dieser Lebensphase wurde ein anderes. Jugend wurde jetzt viel stärker als in den Jahrzehnten zuvor als ein eigener und wichtiger Lebensabschnitt begriffen, zu dem eine eigene „Jugendkultur" gehörte. Der Durchbruch der Wohlstandsgesellschaft brachte für die meisten Jugendlichen eine zuvor nicht gekannte materielle Absicherung. Ein eigenes Zimmer ist für die meisten Jugendlichen heute Standard, technische Geräte gehören fast schon zur üblichen Ausstattung. Der Umgang mit neuen Technologien ist für die Mehrzahl der Jugendlichen selbstverständlich – Fernseher und DVD-Player, Computer, Internet, MP3 und Handy eröffnen Kommunikationsmöglichkeiten, von denen frühere Generationen nur träumen konnten. Daneben spüren Jugendliche aber auch die Folgen der Strukturkrise mit Massenarbeitslosigkeit und Verarmung. Andere machen sich Sorgen über die Umwelt oder die Bedrohung des Weltfriedens. Viele nutzen die Medien, um sich ein Bild von der Welt jenseits ihres Alltags zu machen.

Wer ist überhaupt ein Jugendlicher?

Unter Jugend versteht man – ganz allgemein gesprochen – den Lebensabschnitt zwischen der Kindheit und dem Erwachsenenalter. Sie beginnt etwa im Alter von zwölf bis vierzehn Jahren mit der Geschlechtsreife. War ihr Ende früher mit dem Erreichen der Volljährigkeit und der Gründung einer eigenen Familie bestimmt, so sind die Grenzen heute fließend. Volljährig werden junge Menschen heute mit 18 Jahren (bis 1974 erst im Alter von 21 Jahren), aber ein großer Teil von

ihnen geht in diesem Alter noch zur Schule, studiert oder befindet sich in der Berufsausbildung. Oft dauert diese Phase der Ausbildung und Berufsfindung bis um die 30. Viele junge Menschen sind in dieser Phase finanziell noch von ihren Eltern abhängig.

Jugendliche im Sommerlager.

Rein statistisch gibt es heute weniger Jugendliche als früher. Im Zuge der demographischen Entwicklung und des Rückgangs der Geburtenzahlen sank ihr Anteil an der Bevölkerung in den letzten Jahrzehnten kontinuierlich. Waren im Jahr 1970 noch 35 Prozent aller Einwohner Nordrhein-Westfalens bis zu 25 Jahre alt, so sank der Anteil in den nächsten vier Jahrzehnten auf unter 27 Prozent. Besonders ausgeprägt ist diese Entwicklung bei der deutschen Bevölkerung, im ausländischen Bevölkerungsteil ist der Anteil der Jugendlichen dagegen derzeit noch wesentlich höher – auf Dauer ist auch hier eine Angleichung zu erwarten.

Trotz – oder vielleicht sogar wegen – ihres zahlenmäßigen Rückgangs ist das Interesse der Gesellschaft an der Jugend eher gestiegen. Die Jugend von heute wird die Wirtschaft von morgen tragen müssen, von der Last der Renten gar nicht zu reden. Hinzu kommt in den letzten Jahren ein bemerkenswertes Phänomen: Jugend oder Jugendlichkeit ist zum Leitbild der gesamten Gesellschaft geworden. Die äußeren Kennzeichen von Jugend und Erwachsenenwelt wie Kleidung, Musik und Freizeitverhalten haben sich (wieder) aneinander angeglichen. Dadurch wird es für Jugendliche immer schwerer, sich von den Erwachsenen abzugrenzen, um ihre eigene Identität zu finden.

Jugendbilder im Wandel

Blickt man auf die gängigen Klischees der Jugendkultur in den letzten Jahrzehnten zurück, so scheint sie eine klare Abfolge von Stilrichtungen oder Trends gewesen zu sein. Den Rockern und Halbstarken der fünfziger Jahre folgten die Hippies und protestierenden Studenten der sechziger Jahre. In den siebziger Jahren waren die Jugendlichen friedensbewegte Ökos, Kernkraftgegner oder Punks, in den neunziger Jahren Yuppies oder No-Future-Kids. Neben diesen klischeehaften Trends wurden die Jugendlichen auch nach Themen in Schubladen gesteckt – die drogenabhängigen und von AIDS gefährdeten Jugendlichen, die rechtsradikalen Jugendlichen, die kriminellen Jugendlichen, vor allem aber: die immer mehr von den Medien abhängigen Jugendlichen, die nur noch „vor dem Bildschirm rumhängen".

Solche Trends und Schubladen treffen die Wirklichkeit der jungen Menschen immer weniger. Die einheitliche Jugendkultur zerfällt in jüngster Zeit in eine Vielzahl unterschiedlicher Szenen und Subkulturen, in Nordrhein-Westfalen wie anderswo. Jugendliche verstehen sich als Skater, Raver oder Technofreaks, als Sportler, Junge Christen und vieles andere mehr.

Aber auch die in vielen Medien bis heute gerne transportierten Bilder von den einheitlichen Jugendkulturen vergangener Tage erweisen sich bei genauerem Hinsehen als Fiktion. Zu allen Zeiten gab es die große Masse der „angepassten" Jugendlichen, die angesprochenen Jugendkulturen beschränkten sich oft nur auf relativ kleine Minderheiten. Dennoch ist ein tief greifender Einschnitt in den sechziger Jahren nicht zu verkennen – die bis dahin weitgehend unpolitische Jugendbewegung politisierte sich.

„Hippies" veranstalten im September 1967 ein „Love-In" in der Essener Fußgängerzone. Mit erstaunten Gesichtern beobachten die Passanten das bunte Geschehen.

Jugendprotest

Mit der „Achtundsechziger-Bewegung" formierte sich erstmals eine politische Jugendbewegung. Ausgehend von der Kritik am Vietnamkrieg der USA, am Umgang mit der NS-Vergangenheit in Deutschland oder an den Notstandsgesetzen verstand sie sich als eine „außerparlamentarische Opposition" und zielte auf grundlegende Veränderungen in Staat und Gesellschaft. Die „Achtundsechziger", in sich noch einmal in viele Fraktionen gespalten, vertraten eine bunte Mischung mehr oder weniger sozialistischer Ideen zur Verbesserung der Welt, deren Praxistauglichkeit sehr unterschiedlich ausfiel. Wenngleich die Schwerpunkte der Studentenproteste außerhalb von Nordrhein-Westfalen lagen, kam es aber auch an Rhein und Ruhr in einigen Hochschulorten zu Demonstrationen und Aktionen. Den Höhepunkte erreichten die Proteste nach dem Attentat auf den Studentenführer Rudi Dutschke am 11. April 1968 in Berlin – nach diesen Ereignissen sollte die ganze Studentenbewegung später ihren Namen erhalten.

Blieb die politischen Studentenbewegung letztlich auf vergleichsweise kleine Gruppen beschränkt, so war sie doch mit einer viel breiteren Rebellion der Jugend verbunden. Auch in

Studentenproteste 1969 in Bochum. Auf dem Plakat in der Mitte ist Mao Zedong zu sehen, der Gründer der Volksrepublik China. Er gehörte damals zum Leitbild der Demonstanten.

Nordrhein-Westfalen gab es Proteste von Studenten, Schülern und Lehrlingen. Mit den Forderungen nach politischen Veränderungen ging ein Aufbegehren der Jugend gegen die starren gesellschaftlichen Konventionen einher. Der Aufbruch aus überkommenen Denkweisen war auch an Äußerlichkeiten sichtbar. Wurden Jungen mit etwas längeren Haaren noch in den sechziger Jahren als Asoziale beschimpft und bisweilen tätlich angegriffen, so vollzog sich in nur wenigen Jahren ein Wandel des gesellschaftlichen Klimas, das nun nahezu jede Haartracht ertragen konnte. Es kam zu einer Liberalisierung nahezu aller Lebensbereiche. Sie betraf Fragen des Zusammenlebens und der Sexualität, der Rollenverteilung zwischen Frau und Mann. In Wohngemeinschaften wurden neue Lebensformen erprobt.

Die Aufbruch- und Reformstimmung, die auch andere gesellschaftliche Bereiche erfasste, dauerte bis in die siebziger Jahre. Der erste Ölpreisschock und die damit verbundene Wirtschaftskrise von 1973 grenzten die wirtschaftlichen Möglichkeiten des Staates zu immer neuen Reformen ein. Hinzu kam der Terrorismus der RAF („Rote Armee Fraktion") und anderer Gruppen, der viele Menschen in Schrecken versetzte und die Grundstimmung der Gesellschaft veränderte – statt immer mehr Liberalisierung wurde ein hartes Durchgreifen gefordert.

In den achtziger und neunziger Jahren herrschten bei vielen Jugendlichen Zukunftsängste und Orientierungslosigkeit vor, die durch die verstärkte Jugendarbeitslosigkeit, Umweltprobleme oder durch die Angst vor Raketen und Krieg hervorgerufen wurden.

Und in der Gegenwart? Der Jugendbericht der Landesregierung von 2004 hatte von einem doppelten Gesicht der modernen Jugendgeneration gesprochen. Eine gute Ausbildung und gestiegene Kompetenzen führten bei den meisten jungen Menschen zu einem „pragmatischen Optimismus" für die persönliche Zukunft. Demgegenüber stand eine gewisse Besorgnis durch globale Veränderungen von Wirtschaft und Umwelt. 2010 spricht der jüngste Jugendbericht zudem von dem erhöhten Armutsrisiko für junge Menschen, das deutlich über dem Durchschnitt der Gesamtbevölkerung liegt und fast jeden vierten Jugendlichen unter 18 Jahren betrifft, besonders in Familien mit Migrationshintergrund.

FRANK BUSEMANN, Zehnkämpfer, geboren am 26. Februar in 1975 in Recklinghausen. Bereits mit neun Jahren sprang er 1,40 Meter hoch. 1996 gewann Busemann, der von seinem Vater trainiert wurde, überraschend die Silbermedaille im Zehnkampf bei den Olympischen Spielen in Atlanta, im gleichen Jahr wurde er zum Sportler des Jahres gewählt. Weitere Erfolge waren der 3. Platz bei der WM 1997 und der 7. Platz bei den Olympischen Spielen 2000 im Zehnkampf, der deutsche Hallen-Siebenkampfrekord 2002, hinzu kamen Erfolge im Hürdenlauf. 2003 erklärte er nach vielen verletzungsbedingten Rückschlägen seinen Abschied vom Leistungssport. Busemann, der zunächst eine Ausbildung zum Bankkaufmann absolviert hatte, studierte Wirtschaftswissenschaften an der Fernuniversität in Hagen. Seit 2008 ist er als sportlicher Leiter am Deutschen Zentrum für Präventivmedizin in Damp (Schleswig-Holstein) tätig.

Popkultur

Ein wichtiges Element der Jugendkultur war und ist die Musik – Popmusik vor allem. Seit der Zeit des Rock'n'Roll war es überwiegend die Popmusik aus England und Amerika, für die sich die Jugendlichen begeisterten. Es dauerte einige Jahrzehnte, bis sich auch in Nordrhein-Westfalen eine eigene Popszene entwickelte. Diese wurde dann aber sehr erfolgreich. Gruppen und Künstler wie BAP aus Köln, die Toten Hosen aus Düsseldorf, Nena aus Hagen oder der durch sein Bekenntnis zu Bochum bekannt gewordene Herbert Grönemeyer sind längst Pop-Veteranen und internationale Stars. Auch mit den jüngeren Stilrichtungen wie Rap, Hiphop oder Techno beschäftigen sich im Land zahlreiche Musikerinnen und Musiker.

Auch Fernsehen und Radio können die Zielgruppe der Jugendlichen nicht mehr ignorieren. Gerade auf diesem Feld hat NRW Einiges zu bieten: Der private Musiksender VIVA sendet seit 1993 aus Köln (wird seit 2005 allerdings in Berlin produziert), das WDR-Radioprogramm für Jugendliche „Eins Live" (seit 1996) ist unter den Jugendlichen in NRW besonders beliebt. Seit 1989 gab es zunächst in Düsseldorf, dann in Köln die „PopKomm", die weltgrößte Messe für Popmusik, die in jedem Jahr mit zahlreichen Livekonzerten in der Kölner Innenstadt verbunden ist. 2004 zog – zur Enttäuschung vieler Fans – auch die PopKomm nach Berlin. Dafür kam die Ende der 1980er Jahre in Berlin entstandene Loveparade 2007 nach Essen und 2008 nach Dortmund. Nach dem fürchterlichen Unglück bei der Loveparade 2010 in Duisburg mit mehr als 20 Toten dürfte eine Neuauflage unwahrscheinlich sein.

Die Popkultur pflegen nicht zuletzt die Musiksender. VIVA – im Bild die Moderatorin Gülcan Karahanci (heute Kamps) – setzte hier Maßstäbe.

Politisches und soziales Engagement

Dass sich die Politik für die Interessen der Jugendlichen einzusetzen hat, steht in Nordrhein-Westfalen in der Landesverfassung. Erst 2002 hat der Landtag dagegen einstimmig die Kinderrechte in Artikel 6 festgeschrieben. In vielen Kommunen des Landes wurden in den letzten Jahren „Kinder- und Jugendparlamente" eingeführt. Deren gewählte Mitglieder können sich selbstständig mit allen Themen befassen, die Jugendliche betreffen, Anträge an den Stadtrat stellen und manchmal auch über Geld (mit-)entscheiden. Trotz solcher Angebote scheint das Engagement junger Menschen für politische Themen zur Zeit wenig ausgeprägt zu sein. Gab es in den sechziger und siebziger Jahren im Zusammenhang mit der Studentenbewegung eine breite Politisierung der Jugend und ein vielfältiges Eintreten für gesellschaftliche Veränderungen, so dominierten in späteren Jahren – abhängig von den jeweils vorherrschenden allgemeinpolitischen Themen

Der Alltag vieler Jugendlicher ist nicht so glanzvoll. Der Weg zum Arbeitsamt – heute „Agentur für Arbeit" – gehört für viele von ihnen zum Alltag.

und Grundstimmungen – die Fragen des Umweltschutzes und der Friedensbewegung. 1994 etwa äußerten 72 Prozent der Jungen und 84 Prozent der Mädchen in NRW im Alter von 14 bis 17 Jahren, sie fänden Umweltgruppen gut oder sie gehörten sogar dazu – diese Werte lagen noch über den entsprechenden Zahlen für Fußballfans, Diskothekenfans, Friedensgruppen oder Rapper und Hip-Hopper.

Dennoch klagen politische Parteien und andere gesellschaftlich engagierte Organisationen heutzutage über Nachwuchsmangel. Zu erkennen ist sogar eine wachsende Distanz der Jugendlichen zur Politik und zu ihren Organisationen, was sich zum Beispiel an der geringen Beteiligung der jüngeren Wählergruppen an Wahlen erkennen läßt. Das hat möglicherweise damit zu tun, dass Jugendliche auch in ihrem politischen und sozialen Engagement vor allem Spaß suchen und schnell etwas bewirken wollen, feste und langfristige Bindungen wie die Mitgliedschaft in einer Organisation aber scheuen.

Jugend und Arbeit

Junge Menschen in Nordrhein-Westfalen können in beruflicher Hinsicht optimistischer in die Zukunft sehen als noch vor wenigen Jahren. Nicht nur, weil sie immer bessere Ausbildungsqualität und höhere Schulabschlüsse erreichen. Der seit wenigen Jahren wieder aufgetretene Fachkräftemangel in der Wirtschaft erhöht die Chancen auf dem Ausbildungs- und Berufsmarkt deutlich.

Besonders die 1990er Jahre waren eine schwierige Zeit. Waren bei den Arbeitsämtern des Landes im Jahr 1990 noch über 150.000 Ausbildungsstellen gemeldet, denen rund 134.000 Bewerberinnen und Bewerber gegenüberstanden, so gab es seit 1995 mehr Bewerber als Stellen. Bis 2005 ging die Schere besonders weit auseinander: Auf 145.000 Bewerberinnen und Bewerber kamen nur noch 96.000 Stellen. Die Landesregierung hatte 1996 auf diese Entwicklung reagiert und sich mit Arbeitgebern und Gewerkschaften, der Arbeitsagentur und anderen Institutionen zu einem „Ausbildungskonsens" zusammengefunden, um ausbildungswillige und –fähige Schülerinnen und Schüler mit Stellen zu versorgen und ihre Qualifikationen zu verbessern.

Inzwischen sinkt zum einen die Zahl der Schulabgänger, zum anderen benötigen die Unternehmen aufgrund der wirtschaftlichen Entwicklung mehr qualifizierte Mitarbeiterinnen und Mitarbeiter. Im Jahr 2010 war das Verhältnis zwischen Angebot und Nachfrage bei Ausbildungsstellen weitestgehend wieder ausgeglichen und es wird sich weiter zu Gunsten der Jugendlichen verbessern. Allerdings bleiben regionale Unterschiede bestehen, wie auch die Förderung benachteiligter Gruppen, etwa von Jugendlichen mit Migrationshintergrund, weiterhin ein Problem ist.

Das Rathaus ist die unterste Ebene, auf der politische Entscheidungen getroffen werden. Im Bild das Rathaus in Bielefeld.

Wählen mit 16: Demokratie fängt in der Gemeinde an

Jeder Mensch in Nordrhein-Westfalen lebt in einer Gemeinde oder einer Stadt. Streng genommen gibt es in NRW nur Gemeinden („Kommunen"), doch dürfen sich Gemeinden mit mehr als 25.000 Einwohnern Stadt nennen. Mehrere Städte und Gemeinden bilden einen Kreis. Großstädte, die keinem Kreis angehören, heißen kreisfreie Städte; sie vereinen in sich die Aufgaben von Gemeinden und Kreisen. Kreise und kreisfreie Städte haben jeweils eigene Autokennzeichen.

In der Geschichte Nordrhein-Westfalens spielten die Gemeinden von Beginn an eine große Rolle. In ihnen begann nach dem Krieg der Wiederaufbau, hier funktionierten zuerst Verwaltung und politisches Leben. Gemeinden und Kreise werden in der Landesverfassung in einem der ersten Sätze genannt, sie sind für den staatlichen Aufbau grundlegend. In der sechzigjährigen Geschichte Nordrhein-Westfalens wurde die Organisation der Gemeinden mehrfach tiefgreifend verändert, zuletzt im Jahr 1999.

Nach dem Krieg: Eine neue Gemeindeordnung

Die Briten hatten nach dem Krieg die Gemeinden als unterste Ebene staatlicher Ordnung nach dem Prinzip der kommunalen Selbstverwaltung wieder hergestellt. Hier wurden die Deutschen zuerst am staatlichen Neuaufbau beteiligt. Allerdings führten die Briten durch die von ihnen 1946 erlassene „Revidierte Gemeindeordnung" ein typisches Element der britischen Kommu-

Das Hauptgebäude der Bezirksregierung in Köln.

nalverfassung ein, die so genannte Doppelspitze. An der Spitze jeder Kommune stand jetzt ein ehrenamtlicher Bürgermeister als Vorsitzender des Rates, sowie ein hauptamtlicher Stadtdirektor als Chef der Verwaltung. In den kreisfreien Städten lauteter die entsprechenden Bezeichnungen Oberbürgermeister und Oberstadtdirektor, bei den Kreisen Landrat und Oberkreisdirektor. Der Stadt- bzw. Oberkreisdirektor leitete die Arbeit der Verwaltung, alle wichtigen Entscheidungen fielen im demokratisch gewählten Stadtrat beziehungswe se im Kreistag.

1952 verabschiedete der Landtag die erste Gemeindeordnung für Nordrhein-Westfalen, die an den Grundzügen der Regelungen von 1946 festhielt. Ein Jahr später folgte eine entsprechende Landkreisordnung. Ebenfalls 1953 wurden die beiden Landschaftsverbände Rheinland und Westfalen-Lippe gegründet, sie sind bis heute für überörtliche Belange aus den Bereichen Soziales, Gesundheit, Verkehr, Jugend und Kultur zuständig. Schließlich gibt es im Land auch noch fünf (bis 1972 waren es noch sechs) Bezirksregierungen, bei denen es sich um staatliche Verwaltungsstellen handelt, die dem Innenministerium des Landes unterstehen. Durch die geplante Verwaltungsreform wird es im Aufbau und bei den Aufgaben der mittleren Behörden – den Bezirksregierungen und Landschaftsverbänden – in den nächsten Jahren voraussichtlich zu deutlichen Veränderungen kommen.

Das „Landeshaus" in Münster ist Sitz des Landschaftsverbandes Westfalen-Lippe.

Die kommunale Gliederung Nordrhein-Westfalens kurz nach der Staatsgründung, Stand 1. Juli 1947.

Kommunale Neugliederung

Seit der Industrialisierung des 19. Jahrhunderts hat es im Zuschnitt der Städte immer wieder teilweise erhebliche Veränderungen gegeben. Vor allem die Industriestädte des Ruhrgebietes wuchsen, sie gliederten sich bis dahin selbstständige Nachbarorte ein und nahmen so an Fläche und Bevölkerung deutlich zu. In großen Teilen des Landes blieben die Grenzen aber seit dem frühen 19. Jahrhundert unverändert. Insgesamt gab es Anfang der sechziger Jahre in Nordrhein-Westfalen 2.327 kreisangehörige Gemeinden, die zu 57 Landkreisen zusammengeschlossen waren, hinzu kamen 38 kreisfreie Städte. Es gab darunter Gemeinden, die weniger als hundert Einwohner zählten, aber dennoch politisch selbstständig waren. Eine sinnvolle Planung und die nötige Koordination mit den Nachbarkomunen war in diesen Mini-Gemeinden kaum möglich. Eigene Verwaltungen hatte diese Kleinstkommunen ohnehin nicht, dafür waren die Amtsverwaltungen zuständig.

Dieser letztlich noch aus vorindustrieller Zeit stammende Zuschnitt der öffentlichen Verwaltung wurde in einer großangelegten kommunalen Gebietsreform in den sechziger und siebziger Jahren neu geordnet. Dabei sollten durch Zusammenlegungen Großgemeinden mit leistungsfähigen Verwaltungen geschaffen werden. Das Ziel war eine bessere Vorsorgung mit öffentlichen

NICK HEIDFELD, Rennfahrer, geboren am 10. Mai 1977 in Mönchengladbach. Heidfeld fuhr schon als Fünfjähriger Motocross, später Kartrennen. 1994 wechselte er in die Formel Ford, 1996 in die Formel 3, wo er 1997 die internationale deutsche Formel 3-Meisterschaft gewann. 1999 wurde er Formel-3000-Meister. 2000 fuhr er sein erstes Formel 1-Jahr bei Prost. Danach fuhr Heidfeld drei Jahre bei Sauber-Petronas, wo er 2001 beim Rennen in Brasilien seinen ersten Podiumsplatz errang; zum Saisonende lag er auf dem siebten Rang der Gesamtkonkurrenz. 2004 fuhr Heidfeld für Jordan. 2005 wurde Heidfeld zweiter Stammpilot bei Williams-BMW, in Monaco erreichte er den zweiten Platz, im Mai 2005 seine erste Pole-Position am Nürburgring. Im September 2005 unterschrieb er einen Dreijahresvertrag beim BMW Sauber F1-Team. Nach weiteren Stationen 2010 bei Mercedes/Pirelli und Sauber war er 2011 bei Renault unter Vertrag, dann beendete er seine Formel 1-Karriere. Nick Heidfeld wohnt in der Schweiz.

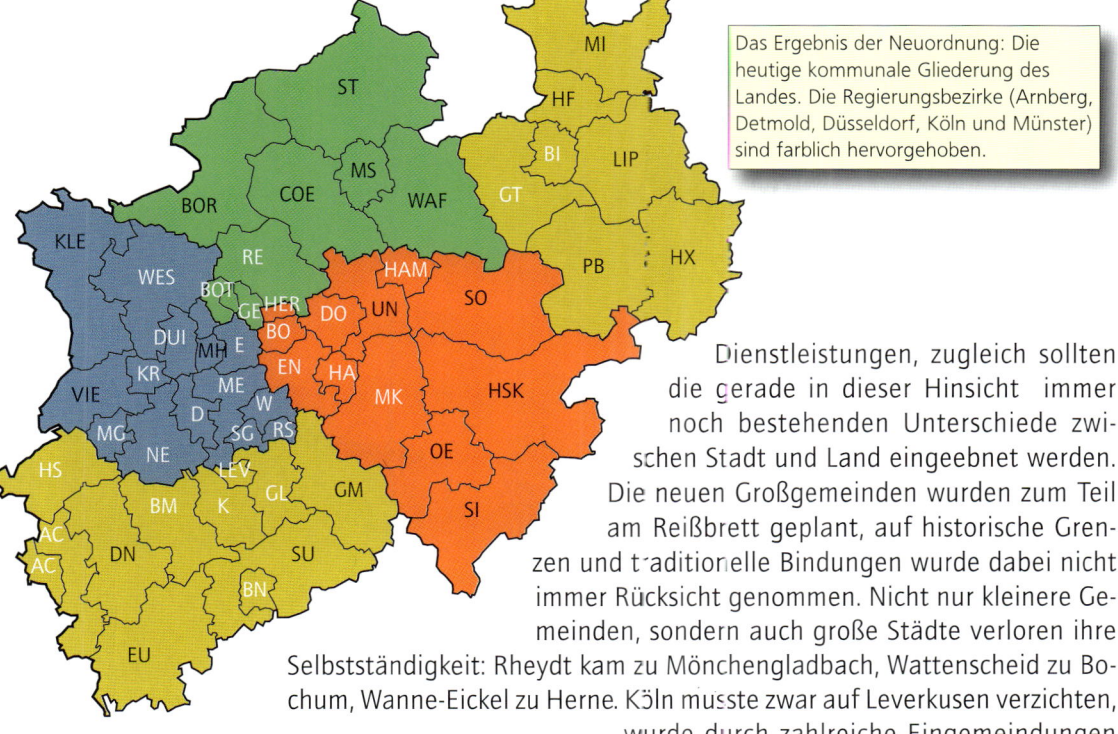

Das Ergebnis der Neuordnung: Die heutige kommunale Gliederung des Landes. Die Regierungsbezirke (Arnberg, Detmold, Düsseldorf, Köln und Münster) sind farblich hervorgehoben.

Dienstleistungen, zugleich sollten die gerade in dieser Hinsicht immer noch bestehenden Unterschiede zwischen Stadt und Land eingeebnet werden. Die neuen Großgemeinden wurden zum Teil am Reißbrett geplant, auf historische Grenzen und traditionelle Bindungen wurde dabei nicht immer Rücksicht genommen. Nicht nur kleinere Gemeinden, sondern auch große Städte verloren ihre Selbstständigkeit: Rheydt kam zu Mönchengladbach, Wattenscheid zu Bochum, Wanne-Eickel zu Herne. Köln musste zwar auf Leverkusen verzichten, wurde durch zahlreiche Eingemeindungen aber dennoch zur Millionenstadt.

Zum Teil schossen die Planer auch über das Ziel hinaus. Die geplante Zusammenlegung von Gladbeck, Bottrop und Kirchhellen zu einer Großgemeinde – von Kritikern spöttisch „Glabotki" getauft – musste wieder zurückgenommen werden. In anderen Fällen lehnten Gerichte die Einsprüche betroffener Gemeinden, die ihre Selbstständigkeit behalten wollten, ab.

Die Gegner der Reform fürchteten unter anderem, dass durch die neuen bürokratischen Großverwaltungen die Nähe zu den Bürgerinnen und Bürgern auf der Strecke bleiben könnte, etwa durch weitere Wege zu

Hände weg von Castrop-Rauxel
Wir bleiben Europastadt

Für das selbständige Castrop-Rauxel.
Gegen Eingemeindung nach Dortmund.

Die Bürger von Castrop-Rauxel wehrten sich gegen die Eingemeindung nach Dortmund – mit Erfolg. Ihre Stadt blieb selbstständig und kam zum Kreis Recklinghausen.

Seit 1999 werden bei den Kommunalwahlen die Bürgermeister, Räte und
Kreistage getrennt gewählt. Vor der
Auszählung sortieren Wahlhelfer der
verschiedenen farbigen Stimmzettel.

den Rathäusern. In vielen Teilen des Landes gingen Bürgerinnen und Bürger gegen die
Gebietsreform auf die Straße
oder zogen vor Gericht. Trotz
einzelner Revisionen wurde
die Reform, die von allen Parteien im Landtag getragen
wurde, Mitte der siebziger Jahre zu einem erfolgreichen Abschluss gebracht.

Seitdem gibt es in Nordrhein-Westfalen nur noch 373 Gemeinden in 31 Kreisen und 23 kreisfreie Großstädte, insgesamt also 396 Kommunen. Nur noch drei Gemeinden haben weniger als
5.000 Einwohnerinnen und Einwohner, zwei Drittel aller Bewohner des Landes leben dagegen
in Städten mit mehr als 100.000 Menschen.

Das beabsichtigte Ziel von größeren und effektiveren Verwaltungen ist sicherlich erreicht
worden, teilweise aber um den Preis einer geringeren Bürgernähe. Die anfänglich fehlende Iden-
tifikation der Menschen mit den neuen Großgemeinden führte dazu, dass in vielen Städten die Bedeutung der Ortsteile betont wurde. Durch die Bildung von Bezirksausschüssen oder die Berufung
von Ortsvorstehern versuchten Rat und Verwaltung, diesem Wunsch nachzukommen. Gerade
in dieser Zeit fanden sich in vielen Ortsteilen Verbände zur Stärkung des Gemeinschaftsgefühls
zusammen, neue Heimatvereine bemühten sich um die Bewahrung örtlicher Traditionen.

Seit 1999: Wählen mit sechzehn

Hatte die kommunale Neugliederung zunächst nur die Grenzen der Gemeinden verändert, so
dauerte es noch bis in die neunziger Jahre, ehe es zu einem tiefen Einschnitt in ihre innere Verfassung kam.

Ausgangspunkt für die Änderung der Gemeindeordnung war vor allem die Kritik an der
„Doppelspitze", an der Arbeitsteilung zwischen ehrenamtlichen Politikerinnen und Politikern

CHRISTOPH METZELDER, Fußballer, geboren am 5. November 1980 in Haltern. Zunächst spielte er beim TuS Haltern, 1995 wechselte er kurzzeitig
zum FC Schalke 04, ab 1996 spielte er bei Preußen Münster. 1999 trat er
mit der U18-Nationalmannschaft an, 2001 mit der A-Nationalmannschaft,
2002 wurde er in Japan und Südkorea Vizeweltmeister. Seit 2000 spielte
Metzelder bei Borussia Dortmund, 2001 begann er zudem an der Fern-
Universität in Hagen ein Studium der Betriebswirtschaftslehre. 2003 fiel
er mit einer Verletzung aus, erst Ende 2004 feierte er sein Comeback in
der Bundesliga, 2005 auch in der Nationalmannschaft. Bei der WM 2006
gehörte er zu den Leistungsträgern der deutschen Elf, mit der er auch
2008 an der EM teilnahm. Von 2007 bis 2010 spielte Metzelder für Real
Madrid, ehe er zum Dortmunder Erzrivalen Schalke 04 wechselte.

(„Feierabendpolitiker") und hauptberuflichen Verwaltungsbeamten. Auf Drängen von CDU und FDP entschied sich schließlich auch die SPD zu einer tiefgrefenden Reform. Diese wurde 1994 beschlossen und brachte eine ganze Reihe von Veränderungen, die mit der Kommunalwahl des Jahres 1999 in Kraft taten. Dazu gehören:

• Die Bürgermeister bzw. Oberbürgermeister und Landräte werden seit 1999 von den Bürgerinnen und Bürgern direkt gewählt, bis dahin wählten sie nur die Mitglieder des Rates bzw. des Kreistages, die dann den Bürgermeister bzw. Landrat aus ihrer Mitte bestimmten. Die Bürgermeister und Landräte sind seit der Reform sowohl Politiker als Vorsitzende des Rates, zugleich aber auch Behördenchefs als Leiter der Verwaltung.

• Für Kommunalwahlen wurde erstmals ein Wahlrecht für EU-Ausländer geschaffen.

• Für die Wahlen zum Stadt- oder Gemeinderat sowie zum Kreistag wurde die 5-Prozent-Sperrklausel abgeschafft. Auch kleinere Parteien – wie die fast nur auf kommunaler Ebene tätigen „Rathausparteien" oder Wählergemeinschaften – haben damit gute Chancen, in die Räte zu gelangen.

• Die Altersgrenze für die Teilnahme an der Wahl wurde gesenkt. Während bei allen anderen politischen Wahlen das aktive Wahlrecht mit der Vollendung des 18. Lebensjahres einsetzt, können Jugendliche bei den Kommunalwahlen in NRW seitdem schon mit 16 Jahren wählen.

Man hat die Kommunalpolitik gelegentlich als „Schule der Demokratie" bezeichnet. Die Wahlen und die politischen Entscheidungen beziehen sich hier auf ein überschaubares Umfeld. Gerade für junge Menschen kann die Kommunalpolitik daher ein gutes Feld sein, sich erstmals mit Politik zu beschäftigen. Allerdings sind die Möglichkeiten zur echten Selbstverwaltung für die Städte und Gemeinden wie auch für die Kreise begrenzt. Viele Aufgaben, beispielsweise für die Sozial- und Jugendhilfe oder im Schulwesen, sind durch Bundes- oder Landesgesetze vorgegeben. Die von den Gemeinden in eigener Verantwortung und freiwillig erbrachten Leistungen, etwa in den Bereichen der Sportförderung oder der Kultur, müssen dagegen wegen der leeren öffentlichen Kassen immer mehr eingeschränkt werden. Junge Menschen sollten sich davon in ihrem Engagement aber nicht abschrecken lassen – schließlich leiden alle staatlichen Ebenen unter Finanznöten, das knappe Budget der Städte zeigt deshalb wieder nur die Probleme der großen Politik im verkleinerten Maßstab.

Sitzung des Stadtrates in Münster. Hier werden Entscheidungen für die Belange der Stadt getroffen.

Feier zur deutschen Wiedervereinigung am
3. Oktober 1990 vor dem Reichstag in Berlin.

Im größeren Deutschland und in Europa

Am Abend des 3. Oktober 1990 fand vor dem Reichstag in Berlin die offizielle Feier zur Wiederherstellung der deutschen Einheit statt. Nach der friedlichen Revolution in der DDR und der Öff-
nung der Mauer wurde Deutschland nach mehr als vier Jahrzehnten der Teilung wieder vereinigt.
Durch den Beitritt der ostdeutschen Länder zur Bundesrepublik ist Deutschland größer geworden,
mehr als 82 Millionen Einwohner leben jetzt in 16 Bundesländern. Lag Nordrhein-Westfalen in
der alten Bundesrepublik noch sehr zentral, so ist es im neuen, vergrößerten Deutschland ein
wenig an den Rand gerückt.

NRW im größeren Deutschland

Mit einer Fläche von 34.000 Quadratkilometern ist Nordrhein-Westfalen nach wie vor das
viertgrößte Land der Bundesrepublik, mit rund 18 Millionen Einwohnern zugleich immer noch
das bevölkerungsreichste – auf 14 Prozent der Fläche leben 22 Prozent aller Einwohnerinnen
und Einwohner Deutschlands. Nordrhein-Westfalen allein besitzt mehr Einwohner als alle neuen

Bundesländer (einschließlich Berlin) zusammen. In der Europäischen Union würde Nordrhein-Westfalen als eigener Staat nach seiner Einwohnerzahl an sechster Stelle (nach Frankreich, Großbritannien, Italien, Spanien und Polen) rangieren.

Auch in wirtschaftlicher Hinsicht ist das Land trotz aller Strukturprobleme innerhalb Deutschlands nach wie vor führend, rund 22 Prozent des Bruttoinlandsproduktes (2005: 489 Milliarden Euro, 2010: 543 Milliarden Euro) werden von den Menschen zwischen Rhein und Weser erwirtschaftet, so viel wie in keinem anderen Bundesland. Der Wert der Exporte aus Nordrhein-Westfalen lag im Jahr 2010 bei 162 Milliarden Euro (2005: 142 Milliarden), was einem Anteil von rund 17 Prozent (2005: 18 Prozent) aller deutschen Exporte entspricht. Der „Exportweltmeister" Deutschland hat seine Basis noch immer in Nordrhein-Westfalen. Das Land ist nach wie vor – um einen beliebten Werbespruch zu zitieren – „ein starkes Stück Deutschland".

Allerdings ist die Dominanz des Landes nicht mehr so ausgeprägt wie in früheren Jahrzehnten. Insbesondere die südlichen Bundesländer haben in wirtschaftlicher Hinsicht enorm aufgeholt, in manchen Sparten haben sie Nordrhein-Westfalen sogar überholt. Grundsätzlich gilt das auch in der Politik – auf das verringerte Gewicht des Landes im Bundesrat wurde schon hingewiesen. Aufgrund des großen Bevölkerungsanteils kommt aber immer noch ein Viertel aller Bundestagsabgeordneten aus Nordrhein-Westfalen, und auch in den Parteien sind Politikerinnen und Politiker aus dem Land in führenden Positionen vertreten. Allerdings wirken sie dort nicht in erster Linie als Vertreter ihres Bundeslandes. In ihrer Funktion müssen sie das Wohl der gesamten Bundesrepublik im Auge haben.

Auch beim Aufbau der neuen Bundesländer hat sich Nordrhein-Westfalen engagiert und Verantwortung übernommen. Am 27. November 1990 besiegelten Vertreter der Landesregierungen in Düsseldorf und Potsdam ein Partnerschaftsabkommen, auf dessen Grundlage zahlreiche Bedienstete des Landes Nordrhein-Westfalen beim Aufbau neuer Verwaltungsstrukturen in Brandenburg berieten und unterstützten.

Die Länder der Bundesrepublik Deutschland seit 1990.

Blick auf das ehemalige Regierungsviertel in Bonn 2001. Im Hintergrund entsteht die neue Konzernzentrale der Deutschen Post, davor das Bundesministerium für Bildung und Forschung, das teilweise noch immer in Bonn untergebracht ist.

Bundesstadt Bonn

Für eine Stadt in Nordrhein-Westfalen hat sich die deutsche Vereinigung ganz besonders ausgewirkt, nämlich für Bonn. Seit 1949 war die Stadt der Regierungssitz der jungen Bundesrepublik und wurde erst provisorisch, seit den siebziger Jahren immer zielstrebiger zur Hauptstadt ausgebaut. Am Abend des 20. Juni 1991 beschloss der Bundestag nach langer und hitziger Diskussion mit dem knappen Ergebnis von 338 zu 320 Stimmen, nach Berlin in die alte deutsche Hauptstadt umzuziehen.

Der Schock in Bonn war groß, da trotz der vorhergehenden Diskussionen kaum jemand wirklich mit einer solchen Entscheidung gerechnet hatte. Die Stadt sollte allerdings, so der Wille des Bundestages, als „Bundesstadt" für den Verlust von Bundestag, Bundesrat und einiger Ministerien entschädigt werden; ersatzweise sollte sie Sitz verschiedener politischer und wissenschaftlicher Einrichtungen werden. Durch direkte Zahlungen des Bundes an die Stadt sollte zudem das kulturelle Angebot, dass sich infolge der langjährigen Hauptstadtfunktion in besonderer Weise entwickelt hatte, für die Region erhalten werden.

SANDY MÖLLING, Sängerin, geboren am 27. April 1981 in Wuppertal. Mölling verlebte ihre Kindheit in Wuppertal, legte die Mittlere Reife ab und arbeitete zunächst als Verkäuferin in einem Bekleidungsgeschäft. Anfang 2001 wurde sie als Mitglied der Casting Band „No Angels" bekannt. Sechs Alben und zwölf Singles folgten, bevor sich die überaus erfolgreiche Girlband Ende 2003 trennte. Im Mai 2004 startete Sandy mit ihrer ersten Single „Unnatural Blonde" eine Solo-Karriere, weitere Alben folgten. 2004 gründete sie die Initiative „Auch Kinder brauchen Urlaub", um Kindern finanziell schwach gestellter Familien Urlaub auf einem Reiterhof zu ermöglichen. 2005 wurde sie für den ECHO als Beste nationale Künstlerin nominiert. Seit 2006 moderiert Mölling verschiedene Fernsehformate und singt für Soundtracks, seit 2010 ist sie zudem im Musical „Vom Geist der Weihnacht" zu sehen. Sandy Mölling wohnt in der Nähe von Koblenz.

Mit dem 1994 eröffneten „Haus der Geschichte der Bundesrepublik Deutschland" an der Bonner Museumsmeile zeigt die Bundesrepublik bis heute in Bonn Präsenz.

Bonn hat den Umzug von Parlament und Teilen der Regierung besser überstanden als von vielen Kritikern befürchtet. Die Stadt ist heute ein wichtiger Verwaltungsstandort der Vereinten Nationen (UN), ein anerkannter Wissenschaftsstandort und Hauptsitz großer Unternehmen aus dem Dienstleistungs- und Telekommunikationsbereich. Alles in allem erlebte Bonn durch den Umzug von Parlament und Regierung einen Verlust von rund 7.000 Arbeitsplätzen bei Ministerien, Botschaften und sonstigen Einrichtungen. Dem steht aber ein Zuwachs von rund 12.000 Arbeitsplätzen vor allem bei den privaten Dienstleistungsunternehmen gegenüber. Insgesamt nahm die Einwohnerzahl der Stadt sogar leicht zu. Bonn hat seitdem eine der niedrigsten Arbeitslosenquoten des gesamten Landes Nordrhein-Westfalen.

Am 11. Juli 2006 wurde in Bonn der „UN-Campus" eröffnet. Die Feier fand im ehemaligen Plenarsaal des Deutschen Bundestages statt.

Europäische Perspektiven

Während Nordrhein-Westfalens in der größer gewordenen Bundesrepublik Deutschland eher am Rand liegt, ist die Lage innerhalb der Europäischen Union sehr zentral. Und das nicht nur in räumlicher Hinsicht – die europäische Dimension wird immer mehr zu einem bestimmenden Faktor für die weitere Entwicklung des Landes..

Sitzung des Europäischen Parlamentes im Plenarsaal in Straßburg.

Das hat zum einen damit zu tun, dass die Europäische Union – an deren Beginn die gemeinsame Kontrolle über die Montanindustrie des Ruhrgebiets stand – im Laufe der Zeit Kompetenzen erhalten hat, die früher den Einzelstaaten, in Deutschland teilweise auch den Ländern zugestanden haben. Nordrhein-Westfalen hat auf diese Entwicklung frühzeitig reagiert und schon 1985 ein eigenes Verbindungsbüro bei der EU in Brüssel eröffnet. Nach einer Änderung des Grundgesetzes haben die Länder der Bundesrepublik inzwischen stärkere Mitspracherechte gegenüber der Bundesregierung in allen europäischen Angelegenheiten.

Zum anderen ist die starke und immer stärker werdende Vernetzung der europäischen Volkswirtschaften untereinander für Nordrhein-Westfalen nichts Neues. Der Großteil der Exporte aus dem Land, etwa 60 Prozent, geht schon seit langem an Abnehmer innerhalb der Europäischen Union; von dort stammt auch über die Hälfte der Einfuhren. An der Spitze des Austausches stehen Frankreich, die Niederlande und Belgien. Nordrhein-Westfalen profitiert damit in besonderer Weise von dem gemeinsamen europäischen Markt. Mit der Einführung des Euros als einer gemeinsa-

AXEL STEIN, Comedian, geboren am 28. Februar 1982 in Wuppertal. Bereits als Jugendlicher wirkte er in Fernsehproduktionen mit, wegen der sich häufenden Angebote verließ er die Schule kurz vor dem Abitur. Stein begann seine Karriere 1998 mit der Sitcom „Hausmeister Krause". Im folgenden Jahr spielte er in den Kinofilmen „Harte Jungs" und „Schule" mit, 2002 in der Fortsetzung „Knallharte Jungs". 2002 bekam er auf SAT1 seine eigene TV-Show „Axel!", wegen großen Erfolgs folgte „Axel! Will's wissen". 2002 gewann er den „Deutschen Comedypreis" in drei Kategorien. 2005 wirkte er im Kinohit „Barfuss" mit, 2006 in den Filmen „Sackratten" und „7 Zwerge – Der Wald ist nicht genug". Seit 2011 ist er Teil der Neubesetzung der Sat1-Sendung „Die Wochenshow".

men europäischer Währung am 1. Januar 2002 sind diese Verbindungen noch weiter gefestigt worden.

Die Grenzen zu den westlichen Nachbarn sind schon seit den sechziger Jahren durch gemeinsame Entwicklungsprojekte durchlässiger geworden. Um die Nachteile auszugleichen, die sich für einzelne Regionen aus ihrer Grenzlage ergaben, um gemeinsam nach Lösungen für bestehende Probleme zu suchen und das Zusammenleben über staatliche Grenzen hinweg zu erleichtern, schlossen sich benachbarte nordrhein-westfälische, nie-

Jugendliche aus Deutschland und den Niederlanden bei der Feier zur Eröffnung des von der EUREGIO organisierten Jugendservicebüros „Diabolo".

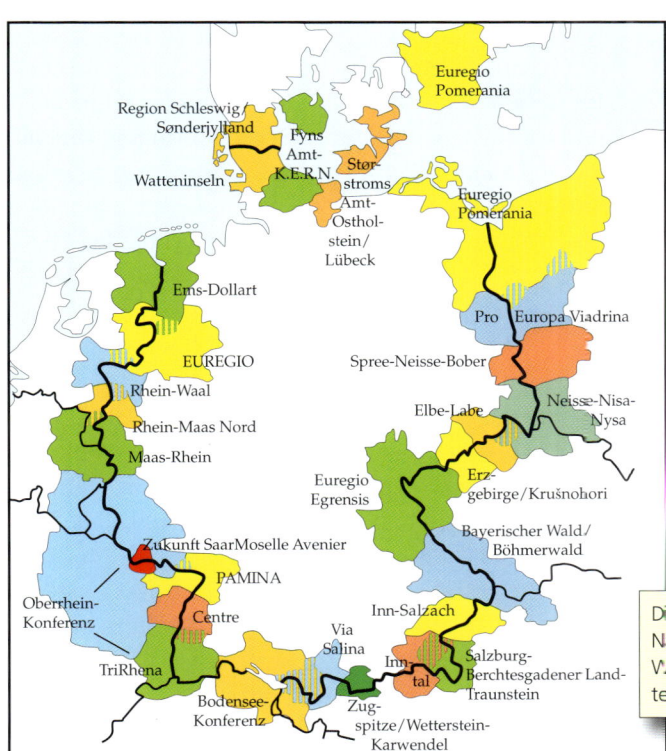

Die Euregio-Regionen in Deutschland. Nach dem Vorbild der Einrichtungen im Westen wurden inzwischen Partnerschaften für fast alle Grenzregionen vereinbart.

derländische und belgische Regionen zu grenzüberschreitenden Arbeitsgemeinschaften zusammen. Mittlerweile existieren vier solche „Euregio"-Projekte mit Sitz in Gronau, Kleve, Mönchengladbach und Maastricht. Von der Europäischen Union und der Landesregierung finanziell unterstützt, sind sie inzwischen zu Vorbildern für ähnliche Einrichtungen mit allen Nachbarnstaaten der Bundesrepublik geworden.

Bei der Landtagswahl 1995 verlor die SPD die absolute Mehrheit und musste eine Koalition mit den Grünen eingehen. Neuer Stellvertreter von Ministerpräsident Johannes Rau wurde Michael Vesper (Bündnis 90/Die Grünen), von 1995 bis 2000 Minister für Bauen und Wohnen, dann bis 2005 Minsiter für Städtebau und Wohnen, Kultur und Sport.

Politische Umbrüche

Sieht man von dem kurzen Zwischenspiel der ersten sozial-liberalen Koalition unter Fritz Steinhoff zwischen 1956 und 1958 ab, so regierten die nordrhein-westfälischen Ministerpräsidenten recht lange. Karl Arnold bekleidete das Amt neun Jahre lang, Franz Meyers acht. Heinz Kühn kam auf zwölf Jahre, und Johannes Rau regierte das Land sogar fast zwanzig Jahre lang – von 1978 bis 1998. Seit Mitte der neunziger Jahre geriet die scheinbar festgefügte politische Landschaft Nordrhein-Westfalens in Bewegung. Veränderungen in der politischen Landschaft zeichneten sich ab.

Rot-Grün in Düsseldorf

Das erste deutliche Zeichen für Veränderungen in der Landespolitik zeigte sich 1995. Nach fünfzehn Jahren Alleinregierung verlor die SPD bei den Landtagswahlen die absolute Mehrheit und erreichte nur noch 46 Prozent der Wählerstimmen. Sie bildete eine Koalition mit Bündnis 90/Die Grünen, die auf zehn Prozent kamen. Johannes Rau blieb Ministerpräsident, sein Stellvertreter wurde Bauminister Michael Vesper von den Grünen.

Mit der Etablierung einer rot-grünen Landesregierung holte Nordrhein-Westfalen eine Entwicklung nach, die in vielen anderen Bundesländern schon früher erfolgt war. Sie führte im Land zu einer stärkeren Betonung ökologischer Themen. Gemäß ihren Schwerpunkten besetzten die Grünen mit Bärbel Höhn das Umweltministerium. Im September 1998 gewannen SPD und Grüne dann auch die Bundestagswahl. Nach sechzehn Jahren CDU-Dominanz unter Helmut Kohl wurde mit Gerhard Schröder erstmals wieder ein Sozialdemokrat zum Bundeskanzler gewählt. In Bonn (bzw. ab 1999 in Berlin) und in Düsseldorf regierten damit wieder die gleichen Parteien.

Der 66-jährige Ministerpräsident Rau hatte sein Amt einige Monate vor der Bundestagswahl, mitten in der laufenden Wahlperiode, niedergelegt. Zu seinem Nachfolger wählte der Landtag am 27. Mai 1998 den bisherigen Wirtschaftsminister Wolfgang Clement, der schon lange als „Kronprinz" gegolten hatte. Der Wechsel von Rau zu Clement war als Generationswechsel gedacht und sollte Signalwirkung für den Bund haben – ein Kalkül, das aufgehen sollte. Johannes Rau wurde ein knappes Jahr nach seinem Rücktritt als Ministerpräsident zum Bundespräsidenten gewählt. Nach Heinrich Lübke, Gustav Heinemann und Walter Scheel war er der vierte Bundespräsident aus dem bevölkerungsreichsten Bundesland.

Nach der enttäuschenden Landtagswahl von 1995 musste die SPD bei den Kommunalwahlen des Jahres 1999 eine weitere schmerzliche Niederlage

Wolfgang Clement
(* 7. Juli 1940)

Der in Bochum geborene Clement studierte in Münster Jura und war parallel als Volontär und Redakteur tätig. Nach dem Examen war er zunächst Rechtsreferendar in Marburg, ab 1968 politischer Redakteur bei der Westfälischen Rundschau, ab 1986 Chefredakteur der Hamburger Morgenpost. 1989 wurde Clement, seit 1970 Mitglied der SPD, zum Leiter der Staatskanzlei des Landes NRW, 1990 zudem Minister für besondere Aufgaben. 1993 war Clement Berater des Kanzler-Kandidaten Rudolf Scharping, 1994 trat er in den Landesvorstand der NRW-SPD ein. 1995 wurde Clement in NRW Minister für Wirtschaft und Mittelstand, Technologie und Verkehr, dort machte er bis 1998 mit ungewöhnlichen Maßnahmen auf sich aufmerksam. Seit 1996 war Clement Stellvertreter von Johannes Rau im Landesvorsitz der SPD. Im Mai 1998 von der rot-grünen Koalition in Düsseldorf zum neuen Regierungschef gewählt, wurde er 1999 stellvertretender Bundesvorsitzender der SPD. Im September 2002 berief Gerhard Schröder ihn nach Berlin, Clement übernahm als „Super-Minister" das durch Zusammenlegung geschaffene Ministerium für Wirtschaft und Arbeit. Clement versuchte mit den „Hartz-Reformen" die Lage am Arbeitsmarkt zu verbessern, jedoch ohne den erhofften Erfolg. Nach der Bundestagswahl von 2005 schied Clement aus der Bundesregierung aus und ist seitdem in der freien Wirtschaft tätig. 2008 trat er aus der SPD aus und unterstützt seitdem die FDP. Clement wohnt mit seiner Familie in Bonn.

ESSEN BRAUCHT DEN WECHSEL

CDU
ESSEN
Dr. Wolfgang Reiniger, Oberbürgermeisterkandidat

Dr. Wolfgang Reiniger
geb. am 11. März 1944,
Essener von Kindheit an,
verheiratet mit Frau Ingrid,
Töchter Anne und Eva.

• Rechtsanwalt und Notar
• Vorsitzender der CDU-Fraktion im Rat der Stadt Essen
• Oberbürgermeisterkandidat bei der 1. Direktwahl des Oberbürgermeisters am 12. September 1999

KOMPETENT
KONSEQUENT
BÜRGERNAH

CDU
ESSEN

Die Kommunalwahl im September 1999 war die erste, die nach der neuen Kommunalverfassung abgehalten wurde. Die allgemeine Stimmung war gegen die SPD gerichtet, und so kam es in vielen Städten zu dem von der CDU ersehnten Machtwechsel.

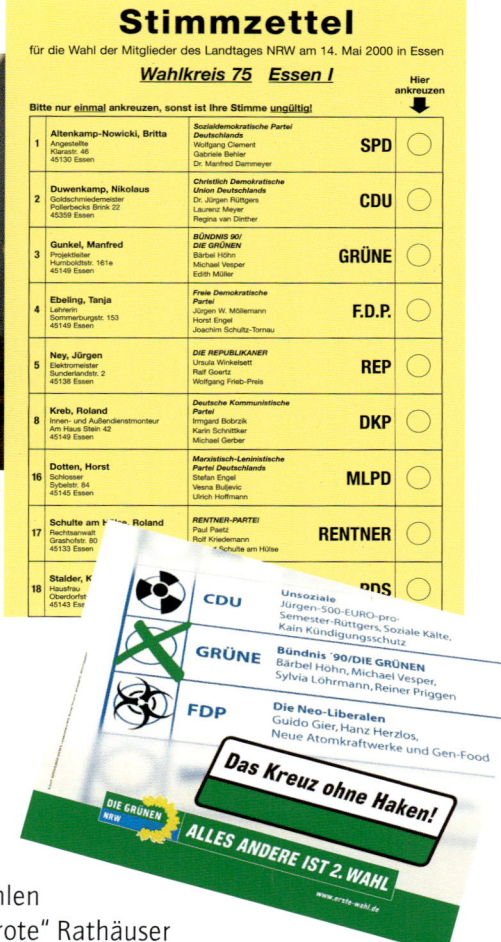

Bei der Landtags-
wahl im Jahr 2000
konnte die FDP mit
ihrer „Mission 18"
(erklärtes Ziel waren
18 Prozent der Wäh-
lerstimmen) immerhin
9,8 Prozent erreichen.
Die Grünen erreichten
7,1 Prozent, die PDS
verfehlte den Einzug.

einstecken. Bei der am 12. September erstmals
nach der neuen Gemeindeordnung abgehaltenen Wahlen
war die CDU in vielen Großstädten vorn. Zahlreiche „rote" Rathäuser
wurden „schwarz", darunter auch viele Großstädte, in denen die SPD traditionellerweise
besonders stark gewesen war. In 13 von 23 Großstädten stellte die CDU nun das Stadtoberhaupt.

Im Jahr 2000, ein Jahr nach dem Debakel bei der Kommunalwahl, konnte sich die rot-grüne
Landesregierung noch einmal knapp behaupten. Den größten Stimmenzuwachs erreichte in diesem Jahr die FDP unter Jürgen Möllemann, die mit fast zehn Prozent der Wählerstimmen nach
fünfjähriger Abwesenheit in den Landtag zurückkehren konnte.

Betrachtet man die Wahlergebnisse dieser Jahre genauer, so fällt auf, dass die CDU als größte Oppositionspartei nicht von den Verlusten der SPD profitieren konnte. Die auffälligste Veränderung dieser Jahre ist ein enormer Rückgang der Wahlbeteiligung, die bis 56,7 Prozent im
Jahr 2000 sank. Hätten alle Nichtwähler eine eigene Partei gewählt, so hätte diese „Partei der

MATS HUMMELS, Fußballer, geboren am 16. Dezember 1988 in Bergisch
Gladbach. Hummels wuchs im Rhein-Main-Gebiet auf, ab dem siebten
Lebensjahr spielte er bei Bayern München, wo sein Vater als Junioren-
trainer arbeitete. Ab 2005 gehörte er zur Regionalliga-Mannschaft des
Vereins, 2007 wurde er für die erste Mannschaft verpflichtet. Da er kaum
zum Einsatz kam, wechselte er 2008 zu Borussia Dortmund, wo er zum
Stammspieler wurde. Nach einer längeren Verletzung 2009 kehrte er
2010 in den Kader zurück und gewann mit der Mannschaft 2011 und
2012 die Meisterschale, 2012 das Double. Ab 2007 spielte Hummels
in der U21-Nationalmannschaft, 2010 erstmals in der A-Nationalmannschaft. 2012 bestritt Hummels alle fünf Spiele der Europameisterschaft,
der Verteidiger galt dabei als Rückgrat der Mannschaft.

Nichtwähler" mehr als ein Drittel aller Stimmen bekommen. Offensichtlich brachte ein großer Anteil der Wählerinnen und Wähler ihre Unzufriedenheit mit der Politik dadurch zum Ausdruck, dass sie gar nicht erst wählen gingen. In besonderem Maße bekam das die SPD zu spüren. Nach dem glücklosen Start der rot-grünen Bundesregierung musste sie jetzt auch noch den Unmut vieler Bürgerinnen und Bürger über die Berliner Politik ausbaden – ganz ähnlich war es der Landes-CDU in den achtziger und neunziger Jahren während der Kanzlerschaft Helmut Kohls ergangen.

Nach dem knappen Wahlsieg von Rot-Grün bei den nächsten Bundestagswahlen im Herbst 2002 wechselte Ministerpräsiden Clement als Minister für Wirtschaft und Arbeit nach Berlin. Zu seinem Nachfolger wählte der Landtag den bisherigen Finanzminister Peer Steinbrück.

Peer Steinbrück
(*10. Januar 1947)

Steinbrück wurde in Hamburg geboren, in Kiel studierte er Volkswirtschaftslehre und Soziologie. 1969 trat er in die SPD ein. Nach dem Studium arbeitete Steinbrück ab 1974 als Referent für verschiedene Bundesministerien und das Bundeskanzleramt, 1983 wurde er Referent der SPD-Fraktion des Bundestages. 1985 wechselte er nach Düsseldorf ins Ministerium für Umwelt, Raumordnung und Landwirtschaft von Klaus Matthiesen, 1986 wurde er Büroleiter des Ministerpräsidenten Johannes Rau. 1990 ging Steinbrück als Staatssekretär nach Schleswig-Holstein, 1993 bis 1998 war er in Kiel Minister für Wirtschaft, Technik und Verkehr. 1998 kehrte er nach Düsseldorf zurück, zunächst als Minister für Wirtschaft und Mittelstand, Technologie und Verkehr in NRW, ab 2000 als Finanzminister. Im November 2002 wurde Steinbrück Ministerpräsident von Nordrhein-Westfalen. Er setzte sich für die Steinkohlesubvention ein, weitete die Ganztagsschulen aus und führte für die Hochschulen das Studienkontenmodell ein. Im Frühjahr 2005 als Ministerpräsident abgewählt, amtierte Steinbrück von 2005 bis 2009 als Finanzminister der großen Koalition in Berlin. Für 2013 ist er als Kanzlerkandidat der SPD vorgesehen. Steinbrück lebt mit seiner Familie in Bonn.

Das Kabinett von Ministerpräsident Peer Steinbrück (SPD) nach der Landtagswahl von 2002.

Das Kabinett von Ministerpräsident Rüttgers nach der
Vereidigung am 22. Juni
2005. Rüttgers war der erste
CDU-Ministerpräsident nach
einer fast vierzigjährigen
SPD-Dominanz im Land.

Regierungswechsel 2005

Bei der Landtagswahl am 22. Mai 2005 setzte sich der bereits seit zehn Jahren andauernde Niedergang der SPD fort. Im Land gab es – ähnlich wie im Bund – eine allgemeine „Wechselstimmung", also die verbreitete Meinung, dass es nach fast vier Jahrzehnten SPD-geführter Landesregierungen Zeit für einen politischen Machtwechsel sei. Für die SPD brachte diese Wechselstimmung – die auch zu einer wieder etwas höheren Wahlbeteiligung von 63 Prozent führte – einen weiteren Stimmenverlust. Nur noch 37 Prozent der Wählerinnen und Wähler gaben der langjährigen Regierungspartei ihre Stimme. Damit sackte die SPD auf einen Wert ab, den sie zuletzt in den frühen fünfziger Jahren erzielt hatte. Die Grünen konnten diese Verluste nicht ausgleichen. Die letzte rot-grüne Landesregierung in Deutschland war damit abgewählt. Eindeutiger Wahlsieger war die CDU mit ihrem Spitzenkandidaten Jürgen Rüttgers, die auf knapp 45 Prozent der Stimmen kam. Die Weichen für eine schwarz-gelbe Landesregierung waren gestellt.

Hatten bundespolitische Ereignisse bis dahin oft genug die Landespolitik beeinflusst, so wirkte sich der Ausgang der Wahl in Düsseldorf diesmal ganz unmittelbar auf die Bundespolitik aus. Noch am Wahlabend kündigte der SPD-Parteivorsitzende Franz Müntefering – der selbst lange Jahre führende Positionen in der nordrhein-westfälischen SPD und in der Landesregierung eingebekleidet hatte – an, dass Bundeskanzler Schröder nach dem Verlust des SPD-Kernlandes durch eine Vertrauensfrage im Bundestag den Weg zu Neuwahlen frei machen wollte. Die im Sep-

MANUEL NEUER, Fußball-Torhüter, geboren am 27. März 1986 in Gelsenkirchen. Im Alter von fünf Jahren kam Neuer zum FC Schalke 04 und durchlief dort alle Jugendmannschaften. Seit 2005 spielte er als Profi, ein Jahr später wurde er Stammtorhüter. In der Saison 2010/2011 wurde er Schalker Kapitän, 2011 mit Schalke DFB-Pokalsieger. Mitte 2011 wechselte Neuer zum FC Bayern München. Seit 2004 ist er für die Nationalmannschaft aktiv, 2009 wird er U-21-Europameister. Im selben Jahr kommt es zum regelmäßigen Einsatz und ab 2010 zur Benennung als Stammtorhüter für Deutschland. Bei der Weltmeisterschaft 2010 erreicht er mit Deutschland den dritten Platz. Neuer wurde mit vielen Auszeichnungen geehrt, u.a. mit der Fritz-Walter-Medaille 2005 und dem Silbernen Lorbeerblatt 2010. Neuer ist Deutschlands Fußballer des Jahres 2011.

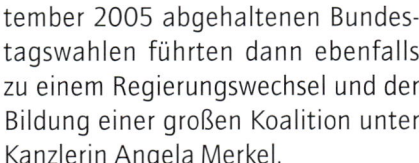

Das Opelwerk in Bochum war in Folge der Weltfinanzkrise durch die wirtschaftlichen Probleme des amerikanischen Mutterkonzerns General Motors wie andere Werke in Europa von der Schließung bedroht. 2009 konnte sie abgewendet werden, doch bleibt die Zukunft des Unternehmens ungewiss.

tember 2005 abgehaltenen Bundestagswahlen führten dann ebenfalls zu einem Regierungswechsel und der Bildung einer großen Koalition unter Kanzlerin Angela Merkel.

Der Wahlausgang in Düsseldorf geriet angesichts der Aufregung um die vorgezogene Bundestagswahl fast in Vergessenheit. Im Windschatten der Bundespolitik wurde Jürgen Rüttgers am 22. Juni 2005 im Landtag zum Ministerpräsidenten gewählt. Stellvertreter wurde Andreas Pinkwart von der FDP, zugleich Minister für Innovation, Wissenschaft, Forschung und Technologie.

Der neue Ministerpräsident verstand sich als engagierter Vertreter einer sozialen Marktwirtschaft, die er gegen marktwirtschaftlichen Neoliberalismus erhalten wollte, durchaus in Abgrenzung gegenüber dem Koalitionspartner FDP. So bezeichnete sich Rüttgers gelegentlich als „Arbeiterführer", in Anspielung auf die Tatsache, dass sich die CDU-Stimmen bei der Landtagswahl in erheblichen Umfang aus der Arbeiterschaft – an sich eher Klientel der SPD – rekrutiert hatten.

Auf Bundesebene konnte er etwa 2007 eine Verlängerung des Arbeitslosengeldes für ältere Arbeitslose durchsetzen. Im gleichen Jahr folgte der Kohlekompromiss, der das Ende der Kohlesubventionen und damit der Kohleförderung in NRW in sozial verträglicher Weise regelte. 2009

unterstützte er die Belegschaft des zeitweilig von der Schließung bedrohten Opel-Werkes in Bochum. Weniger Erfolg war im Fall des Nokia-Werkes in Bochum-Riemke gegeben. Das Werk wurde Mitte 2008 geschlossen und nach Rumänien verlegt.

Protest gegen die Schließung des Nokia-Werkes in Bochum. Die Partei „Die Linke" mit ihrem Vorsitzenden Oskar Lafontaine (Mitte) engagierte sich strak gegen die geplante Schließung.

Jürgen Rüttgers
(* 26. Juni 1951)

Rüttgers wurde in Köln als Sohn eines Elektromeisters geboren, nach dem Abitur begann er 1969 ein Jura- und Geschichts-Studium, das er 1975 mit dem ersten und 1978 mit dem zweiten juristischen Staatsexamen abschloss, 1979 folgte die Promotion. 1978 wurde Rüttgers Referent beim Städte- und Gemeindebund NRW, ab 1980 war er Erster Beigeordneter der Stadt Pulheim. 1987 wurde Rüttgers für die CDU, der er seit 1970 angehört, in den Bundestag gewählt. 1994 berief Helmut Kohl ihn zum Bundesminister für Bildung, Wissenschaft, Forschung und Technologie; in seine Amtszeit fiel 1995 die Bafög-Reform mit der Einführung des Meister-BaföGs. Nach der Wahl im Herbst 1998 schied Rüttgers aus der Bundesregierung aus. Seit 1999 ist er Landesvorsitzender der CDU in NRW, seit 2000 stellvertretender Bundesvorsitzender der CDU. Schon 2000 war Rüttgers Spitzenkandidat seiner Partei bei der Landtagswahl, scheiterte aber knapp und wurde Oppositionsführer im Düsseldorfer Landtag. Nach dem Erfolg der CDU bei der Landtagswahl im Mai 2005 wurde er im Juni zum Ministerpräsidenten von Nordrhein-Westfalen gewählt. Nach der Wahlniederlage 2010 zog er sich aus der Politik weitgehend zurück. Jürgen Rüttgers wohnt mit seiner Familie in Pulheim.

Ein weiteres wichtiges Betätigungsfeld war die Schulpolitik. Hier wurden 2006 u. a. verbindliche Grundschulgutachten für den Besuch der weiterführenden Schulen eingeführt. Auf die Steigerung der Qualität des nordrhein-westfälischen Schulwesens zielten die neuen Zentralen Abschlussprüfungen am Ende von Klasse 10 und das Zentralabitur. Das Arbeits- und Sozialverhalten wurden von nun an auf den Zeugnissen beurteilt. Schließlich wurde die gymnasiale Schulzeit von neun auf acht Jahre verkürzt (G 8). Am gegliederten Schulwesen hielt die Landesregierung dagegen fest. Lediglich der organisatorische Zusammenschluss von Haupt- und Realschulen in so genannten Verbundschulen wurde ermöglicht.

Die Bilanz der Landesregierung wurde allerdings von verschiedenen Affären belastet, in denen dem Ministerpräsidenten vorgeworfen wurde, sein Amt gegen Spenden zugunsten seiner Partei zu missbrauchen. Wesentlich stärker als landespolitische Entwicklungen sollte sich für die weitere politische Entwicklung im Land der Fehlstart der schwarz-gelben Bundesregierung erweisen, die nach der Bundestagswahl von 2009 die große Koalition ablöste.

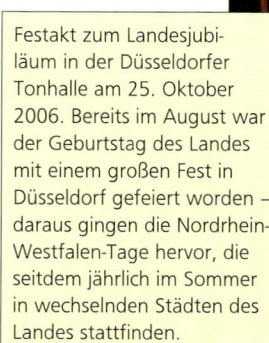

Festakt zum Landesjubiläum in der Düsseldorfer Tonhalle am 25. Oktober 2006. Bereits im August war der Geburtstag des Landes mit einem großen Fest in Düsseldorf gefeiert worden – daraus gingen die Nordrhein-Westfalen-Tage hervor, die seitdem jährlich im Sommer in wechselnden Städten des Landes stattfinden.

Zurück zu Rot-Grün

Die nächste Landtagswahl fand am 9. Mai 2010 statt. Bei ihr galt erstmals ein neues Wahlverfahren. Ähnlich wie bei Bundestagswahlen haben die Wählerinnen und Wähler nunmehr zwei Stimmen. Mit der Erststimme bestimmen sie die Abgeordneten der 128 Wahlkreise im Land. Mit der Zweitstimme wird die Stärke der Parteien im Landtag festgelegt. Dadurch können weitere Abgeordnete von den Listen der Parteien in den Landtag einziehen, der insgesamt 181 Abgeordnete zählt.

Das Wahlergebnis führte zu einem Novum in der Geschichte des Landes. CDU und FDP verloren nach starken Verlusten der CDU, die nur noch 34,6 Prozent der Stimmen erhielt, ihre Mehrheit. SPD (34,5 Prozent) und Grüne (12,1 Prozent) scheiterten denkbar knapp an der Regierungsmehrheit, die 91 Mandate erfordert. Als zusätzliche Partei zog die Linke mit 5,6 Prozent der Zweitstimmen erstmals in den Landtag ein. Weder Schwarz-Gelb (80 Mandate) noch Rot-Grün (90 Mandate) konnte daher die Regierung bilden. Eine Koalition mit der Linken wurde von der SPD abgelehnt. Ebenso führten Verhandlungen zwischen SPD und CDU – als nach wie vor stärkste Partei hätte sie den Ministerpräsidenten stellen wollen – zu keinem Ergebnis. So entschieden sich SPD und Grüne für eine Minderheitsregierung. Diese war möglich, weil im zweiten Wahlgang zur Wahl des Ministerpräsidenten die einfache Mehrheit der Abgeordneten ausreicht. Am 14. Juli 2010 wurde daraufhin SPD-Chefin Hannelore Kraft mit den Stimmen von SPD und Grünen zur Ministerpräsidentin gewählt, da sich die elf Abgeordneten der Linken bei der Wahl der Stimme enthielten.

Da eine Minderheitsregierung über keine eigene Mehrheit im Parlament verfügte, musste sie versuchen, ihre Vorhaben mit wechselnden Mehrheiten durchzusetzen. Dies gelang der Ministerpräsidentin mit Erfolg. Mit den Stimmen der Linken wurden die unter der Vorgängerregierung

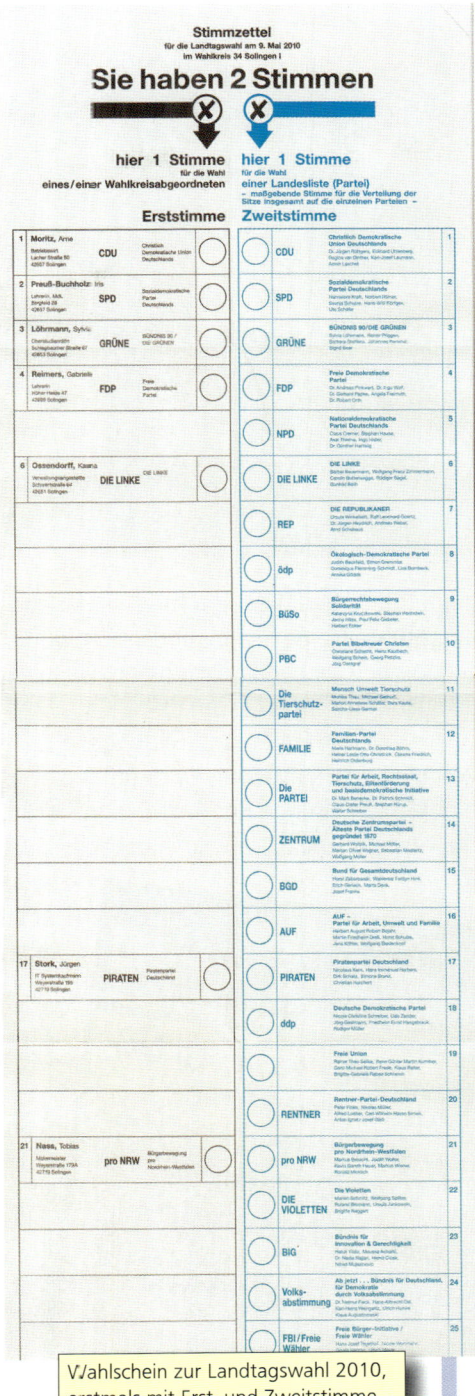

Wahlschein zur Landtagswahl 2010, erstmals mit Erst- und Zweitstimme

Die neue Landesregierung im Juni 2012. Von links: Johannes Remmel, Guntram Schneider, Angelica Schwall-Düren, Svenja Schulze, Garrelt Duin, Barbara Steffens, Hannelore Kraft, Thomas Kutschaty, Sylvia Löhrmann, Norbert Walter-Borjans, Michael Groschek, Ute Schäfer, Ralf Jäger; ganz rechts der Parlamentarische Staatssekretär Horst Becker. Vertreter von Bündnis90/Die Grünen sind Sylvia Löhrmann, Johannes Remmel und Barbara Steffens.

eingeführten Studiengebühren wieder abgeschafft und das beitragsfreie letzte Kindergartenjahr eingeführt. Gemeinsam mit der FDP wurden finanzielle Hilfen für die Not leidenden Städte und Gemeinden im Land beschlossen. Gemeinsam mit der CDU wurde im Jahr 2011 schließlich ein Schulkonsens beschlossen.

Gerade die Schul- und Bildungspolitik als ureigenstes Feld der Landespolitik war lange Zeit von heftigen Kontroversen geprägt gewesen. Nach der Wahl 2010 hatte die neue Regierung einige Maßnahmen der letzten Legislaturperiode rückgängig gemacht wie die Kopfnoten und die verbindlichen Grundschulgutachten. Als Schulversuch wurde als neue Schulform eine „Gemeinschaftsschule" eingeführt. Sie kam dem Wunsch vieler Eltern nach längerem gemeinsamen Lernen der Kinder ebenso entgegen wie dem Bestreben vieler Gemeinden, ein attraktives Schulangebot anbieten zu können.

Der Kompromiss setzt eine neue Schulform, die „Sekundarschule", als neue Regelschule ein, die an die Stelle von Haupt- und Realschulen, aber auch der Verbund- und Gemeinschaftsschulen treten soll. Bis 2022 gültig, soll der Konsens verlässliche Rahmenbedingungen für die lange Zeit umstrittene Schulentwicklung im Land bringen.

Entscheidend für den Erfolg einer jeden Landesregierung ist die Frage, ob es gelingt, den jährlichen

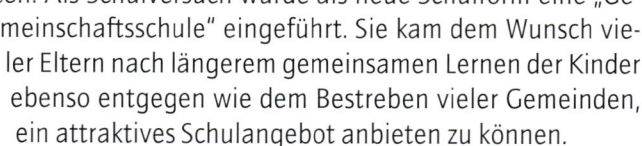

Diskussion über die Folgen des Schulkonsenes: Seit Jahrzehnten erstarrte Fronten wurden aufgebrochen, das ganze Schulsystem geriet in Bewegung.

Landeshaushalt vom Parlament beschließen zu lassen. Hier zeigten sich die Grenzen der Minderheitsregierung. Im Jahr 2010 wurde der Nachtragshaushalt vom Verfassungsgerichtshof in Münster wegen der zu hohen Verschuldung als nicht verfassungsgemäß gestoppt, der Haushalt für 2011 konnte nur durch die Stimmenthaltung der Linken durchgesetzt werden. Im März 2012 erlitt die Regierung schon bei den Beratungen des nächsten Haushalts im Landtag eine Abstimmungsniederlage. Die Folge waren die einstimmig beschlossene Auflösung des Landtages und vorzeitige Neuwahlen im Mai 2012.

Die Wahl 2012

Nach der überraschenden Landtagsauflösung folgte ein kurzer, von wenig Spannung gezeichneter Wahlkampf. Von Seiten der CDU-Opposition wurde versucht, die enorme Verschuldung des Landes und das Thema Schuldenabbau in den Mittelpunkt zu rücken, während die Regierungsparteien unter dem Leitbegriff „vorbeugende Politik" ihre bisherige Politik fortsetzen und eine stabile Mehrheit erringen wollten. So rückten der Personen der Spitzenkandidaten in den Mittelpunkt. Hier besaß Hannelore Kraft als amtierende „Landesmutter" einen deutlichen Popularitätsvorteil gegenüber dem CDU-Kandidaten Norbert Röttgen. Dieser taktierte zudem ungeschickt, da er sich nicht klar dazu äußerte, ob er im Falle einer möglichen Niederlage sein Berliner Ministeramt zugunsten der Funktion des Oppositionsführers im Landtag von Düsseldorf aufgeben werde.

Das Ergebnis der Landtagswahl am 13. Mai 2012 brachte – ähnlich wie die Landtagswahl 2005 – erdrutschartige Veränderungen, diesmal aber in die andere Richtung. Die SPD erreichte mit einem Stimmenanteil von 39,1 Prozent einen enormen Zuwachs. Da die Grünen mit 11,3 Prozent fast stabil blieben, gewann die bisherige Minderheitsregierung 128 der insgesamt 237 Mandate (die hohe Zahl ergibt sich durch mehr als 50 Überhangmandate) und

Plakate zur Landtagswahl 2012

Hannelore Kraft und Sylvia Löhrmann mit dem neuen Koalitionsvertrag

ging deutlich gestärkt aus der Wahl hervor.

Die CDU stürzte dagegen mit nur noch 26,3 Prozent der Wählerstimmen geradezu ab und musste ihr schlechtestes Ergebnis in NRW überhaupt einstecken. Veränderungen gab es auch bei den kleineren Parteien. In einem engagierten Wahlkampf gelang es der FDP unter ihrem neuen Spitzenmann Christoph Lindner mit 8,6 Prozent aus dem vorherigen Umfragetief heraus wieder in den Landtag einzuziehen, während die Linke mit nur noch 2,5 Prozent den Wiedereinzug ins Parlament klar verpasste. Als neue Partei schafften die Piraten hingegen nach nur 1,6 Prozent im Jahr 2010 nunmehr 7,8 Prozent der Wählerstimmen und zogen damit als fünfte Partei in den Landtag ein.

Die Piraten sind die bisher jüngste im Landtag vertreten Parteien. Mit einem noch wenig aussagefähigem eigenen Programm wurde sie wie auch bei den vorhergehenden Landtagswahlen in Berlin, im Saarland und in Schleswig-Holstein weniger wegen ihrer politischen Ziele gewählt, sondern sammelten die Stimmen von zahlreichen, vorwiegend jugendlichen Protestwählern, die bewusst eine Alternative zu den bisherigen Parteien suchten. Ob ihr Erfolg von Dauer sein wird und ob es gelingt, die bei den Wahlen errungene Zustimmung in konstruktive Politik umzusetzen, muss die Zukunft zeigen.

Erneut hatten sich weniger als sechzig Prozent der stimmberechtigten Bürgerinnen und Bürger an der Wahl beteiligt, was auf ein anhaltendes Desinteresse an politischen Wahlen schließen lässt. Auch die Ergebnisse lassen grundsätzliche Trends erkennen. Auch wenn die SPD wieder einmal fast vierzig Prozent der Wählerstimmen erringen konnte, lässt die Bindungskraft der beiden großen Volksparteien insgesamt nach. Erneut sind drei „kleine" Parteien in den Landtag eingezogen.

Plakat der Piraten-Patei: Eine bisweilen eigenwillige Interpretation des Urheberschutzgedankens gehörte zumindest anfänglich zu den zentralen Anliegen der Partei.

Durch das eindeutige Wahlergebnis bestärkt, konnte bis zum 21. Juni 2012 die neue Landesregierung gebildet werden. Sowohl personell wie auch programmatisch setzte die Regierungskoalition ihre bisherige Arbeit fort. Ministerpräsidentin wurde erneut Hannelore Kraft von der SPD, als Stellvertreterin amtiert wiederum Sylvia Löhrmann von den Grünen. Aufgrund der Zuwächse bei den Wahlen erhielt die SPD ein zusätzliches Ministerium und stellt nun die Ministerpräsidentin und neun Ministerinnen und Minister; auf die Grünen entfallen weiterhin drei Ministerien. Schwerpunkte der Landesregierung sollen die finanzieller Konsolidierung des Landes, der Ausbau der Kindergärten, Impulse für die Wirtschaft, Stärkung der erneuerbaren Energien sowie Impulse für den Arbeitsmarkt ein. Um junge Menschen mehr als bisher an Politik zu beteiligen, soll nach Willen der neuen Landesregierung das Wahlalter bei Landtagswahlen – wie bei den Kommunalwahlen – auf sechzehn Jahre gesenkt werden.

Auch die neue Landesregierung steht vor großen Aufgaben und Herausforderungen. Weiterhin gilt es, den Strukturwandel von Wirtschaft und Gesellschaft im Land voranzutreiben, die hohe Staatsverschuldung abzubauen, das Bildungswesen zukunftsfähig zu gestalten und anderes mehr. In einer Zeit, die durch große finanz- und währungspolitische Turbulenzen nicht nur in Europa gekennzeichnet ist, ist das keine einfache Aufgabe.

Hannelore Kraft
(* 12. Juni 1961)

Kraft wurde in Mülheim an der Ruhr als Hannelore Külzhammer geboren. Nach dem Abitur am Gymnasium Broich absolvierte sie eine Ausbildung zur Bankkauffrau in Mönchengladbach, 1982 begann sie in Duisburg ein Studium der Wirtschaftswissenschaften, das sie 1989 als Diplom-Ökonomin abschloss. Bis 2001 war sie Projektleiterin beim Zentrum für Innovation und Technik Nordrhein-Westfalen (ZENIT GmbH) und Leiterin des Euro Info Centre. Seit Juni 2000 gehörte sie für die SPD dem Landtag an, 2001 wurde sie Ministerin für Bundes- und Europaangelegenheiten, von 2002 bis 2005 Ministerin für Wissenschaft und Forschung, nach der verlorenen Landtagswahl im Mai 2005 Fraktionsvorsitzende, 2007 auch Landesvorsitzende der SPD, 2009 eine der stellvertretenden Bundesvorsitzenden. 2010 wurde sie Spitzenkandidatin der SPD in Nordrhein-Westfalen, im Juli 2010 wurde sie zur Ministerpräsidentin gewählt. Sie regierte mit den Grünen zunächst ohne eigene Mehrheit, seit 2012 mit vollem Mandat.

Die „Bürgerbewegung pro NRW" protestiert gegen die vermeintliche Isamisierung Deutschlands, seit 2011 ist die rechtsextreme Partei als verfassungsfeindlich eingestuft. Auch im verstärkten Kampf gegen den Rechtsextremismus liegt ein Schwerpunkt der neuen Landesregierung.

Der Nordrehin-Westfalen-Tag findet seit dem Landesjubiläum von 2006 jährlich in wechselnden Regionen statt. 2012 war das Land in Detmold zu Gast. Da Hückeswagen seine Bewerbung für 2013 wegen Sicherheitsbedenken zurückgezogen hat, wird das nächste Fest 2014 in Bielefeld stattfinden.

Nordrhein-Westfalen:
Land mit Geschichte und Zukunft

Als das Land Nordrhein-Westfalen im August 2006 seinen sechzigsten Geburtstag feierte, geschah dies im Rahmen eines großen Volksfestes in der Landeshauptstadt Düsseldorf. Der Landtag hatte für die Bürgerinnen und Bürger geöffnet, auf einer Bühne in der Altstadt fanden offizielle Veranstaltungen statt, in vielen Ständen am Rhein waren die einzelnen Regionen und die im Land tätigen Organisationen vertreten und stellten sich und ihre Arbeit vor. Seitdem gibt es den jährlichen NRW-Tag als offiziellen Festtag des Landes, der jeweils im August in wechselnden Orten des Landes stattfindet.

Die runden Geburtstage davor waren viel bescheidener begangen worden. Mit wachsendem Selbstbewusstsein bekennt sich das Land also inzwischen zu seiner Geschichte und Identität. Letztere ist allerdings – anders als in manchen anderen Ländern der Bundesrepublik – immer noch mit einer Besonderheit verbunden. Die Bewohner des Landes ziehen ihr Selbstverständnis nämlich nicht aus einer jahrhunderte alten gemeinsamen Geschichte oder – was durchaus berechtigt wäre – aus der Größe des Landes, seiner Wirtschaftskraft oder seinen Leistungen in der deutschen Nachkriegszeit. Es sind vielmehr die Vielfalt und Stärke seiner Regionen, die das Bild von Nordrhein-Westfalen prägen.

Dabei eignet sich die – wenn auch noch junge – Geschichte des Landes durchaus als Grundlage für ein gesundes Selbstbewusstsein. Anfangs als Schöpfung der britischen Besatzungsmacht im Zuge einer besonderen weltpolitischen Situation entstanden, danach lange Zeit als unge-

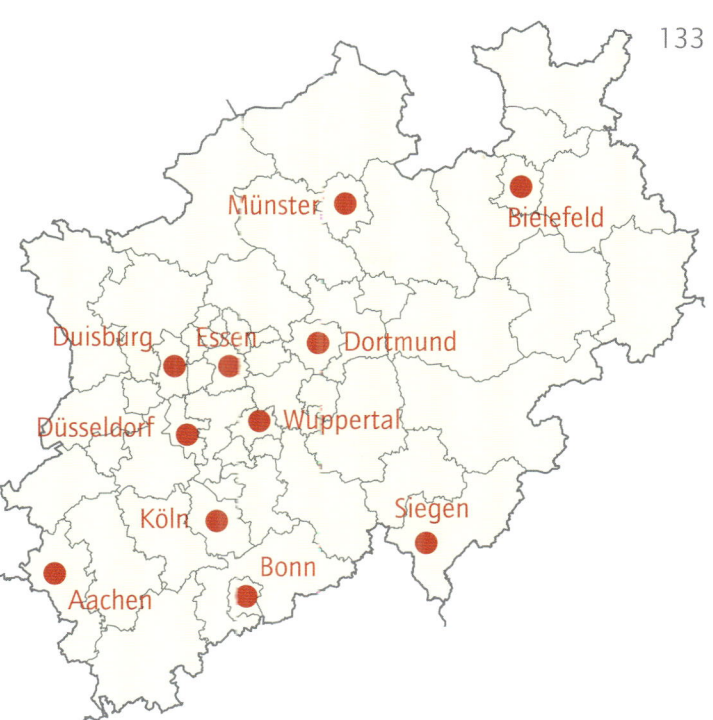

liebtes „Bindestrichland" bezeichnet, hat Nordrhein-Westfalen einen bedeutenden Beitrag zum Wiederaufbau Westdeutschlands nach dem Zweiten Weltkrieg geleistet. Der Streit der Besatzungsmächte um den Zugriff auf die Ruhrkohle ist längst Geschichte, das Ende der Kohleförderung absehbar, dennoch bleibt: Ohne Kohle und Stahl aus Nordrhein-Westfalen hätte es keinen Wiederaufbau und kein Wirtschaftswunder gegeben.

Die Menschen in Nordrhein-Westfalen haben nach 1946 die Herausforderung angenommen und das neue Land mit Leben erfüllt. Zerstörte Städte wurden wieder aufgebaut, Millionen von Flüchtlingen und Vertriebenen fanden hier eine neue Heimat. Die wirtschaftlichen Grundlagen bildeten zunächst Kohle und Stahl. Nordrhein-Westfalen wurde durch sie zum Motor für den Wiederaufbau ganz Deutschlands, den unmittelbar nach dem Krieg niemand für möglich gehalten hätte. Die Lebensverhältnisse der Menschen besserten sich zunehmend. Eine gestiegene Mobilität, ein weit verbreiteter Wohlstand, eine alles in allem verlässliche soziale Absicherung und deutlich verbesserte Bildungschancen – all das ist für uns heute selbstverständlich.

Ein Nordrhein-Westfale steht seit Januar 2012 an der Spitze des Europaparlaments: Der SPD-Politiker Martin Schulz aus Alsdorf bei Aachen

Gelungene Nachnutzung: Der Phönixsee in Dortmund entstand auf dem Gelände eines ehemaligen Stahlwerks – ein alter Konverter am Seeufer erinnert noch daran.

In den Köpfen der Menschen ist „Nordrhein-Westfalen" heute eine unbestrittene Realität, die anfängliche Kritik an der Fusion ist längst verstummt. Noch in den fünfziger Jahren stellten Vorschläge für eine Neuordnung des Bundesgebietes die Grenzen des Landes in Frage. Wenn heute dagegen über eine mögliche Neuordnung der Länder geredet wird, so geht es um die Zusammenlegung anderer Länder. Nordrhein-Westfalen wird von solchen Neuordnungsüberlegungen stets ausgespart, seine Größe und Wirtschaftskraft haben sich als zukunftsfähig erwiesen. Das Land ist eine feste Größe in der politischen Landschaft Deutschlands und Europas geworden.

Der Wiederaufbau des Landes und seine frühe Stärke basierten auf den alten, von der Montanindustrie dominierten Strukturen. Dies sollte sich im Laufe der Zeit zu einem Problem entwickeln. Das lange Festhalten an der schwerindustriellen Monostruktur erschwerte den nötigen Strukturwandel, der erst mit Verzögerung in Gang kam.

Eine in manchen Ruhrgebietsstädten überdurchschnittlich hohe Arbeitslosigkeit und Armutsraten, die nur von den strukturschwachen Regionen im Osten Deutschlands übertroffen werden, zeigen deutlich, dass diese Probleme noch nicht erfolgreich gemeistert worden sind.

Gleichwohl befindet sich das Land in einem beschleunigten Wandel. Das Land von Kohle und Stahl gibt es nicht mehr, es hat sich zu einem Zentrum für Medien und Telekommunikation, Biotechnologie, Logistik und Dienstleistungen gewandelt. Das Ruhrgebiet hat seine dominierende Stellung verloren, andere Regionen im Land haben im Laufe dieses Strukturwandels als Wirtschaftsstandorte Gewicht gewonnen.

Eine wichtige Klammer für den Zusammenhalt des Landes ist die Kultur geworden. Das zeigt sich besonders in den Städten an der Ruhr. Aus der Industrieregion ist eine lebendige Metropole mit mehr als fünf Millionen Einwohnern geworden. Als Essen und mit ihm das Ruhrgebiet im Jahr 2010 als europäische Kulturhauptstadt fungierte, war die Industriearchitektur lediglich noch Kulisse.

Den Besuchern konnte ein Land präsentiert werden, das sich in vielen Facetten geändert hat, und das dabei ist, Traditionen und Fortschritt miteinander zu verbinden. Dass dies trotz aller Schwierigkeiten immer wieder gelingt, darf die Menschen im gesamten Land zwischen Rhein und Weser mit Stolz erfüllen. Sie haben allen Grund, mit Zuversicht in die Zukunft zu gehen.

Eines der Wahrzeichen des Kulturhauptstadtjahres war das Dortmunder „U", das Umgebaute Speichergebäude der „Dortmunder Union" mit seinen charakteristischen Buchstaben auf dem Dach. Zu den Höhepunkten des Kulturhauptstadtjahres gehörte das Volksfest auf dem dafür gesperrten Ruhrschnellweg (A 40).

Wahlen und Regierungschefs

Ergebnisse der Landtagswahlen 1947 bis 2012

	CDU	SPD	FDP	Grüne	PDS/ Linke	KPD/ DKP	DRP	NPD	REP	pro NRW	GB/ BHE	DP	Zen- trum	Pira- ten	Sons- tige
1947	37,6	32,0	5,9	–	–	14,0	0,5	–	–	–	–	–	9,8	–	0,2
1950	36,9	32,3	12,1	–	–	5,5	1,7	–	–	–	–	1,7	7,5	–	2,4
1954	41,3	34,5	11,5	–	–	3,8	–	–	–	–	4,6	0,0	4,0	–	0,3
1958	50,5	39,2	7,1	–	–	–	0,5	–	–	–	–	1,6	1,1	–	0,1
1962	46,4	43,3	6,8	–	–	–	–	–	–	–	0,4	–	0,9	–	2,2
1966	42,8	49,5	7,4	–	–	–	–	–	–	–	–	–	0,2	–	0,1
1970	46,3	46,1	5,5	–	–	0,9	–	1,0	–	–	–	–	0,1	–	0,1
1975	47,1	45,1	6,7	–	–	0,5	–	0,3	–	–	–	–	0,1	–	0,2
1980	43,2	48,4	4,9	3,0	–	0,3	–	–	–	–	–	–	0,0	–	0,2
1985	36,5	52,1	6,0	4,6	–	–	–	–	–	–	–	–	0,0	–	0,8
1990	36,7	50,0	5,8	5,0	–	0,0	–	0,0	1,6	–	–	–	0,0	–	0,9
1995	37,7	46,0	4,0	10,0	–	0,0	–	–	0,8	–	–	–	0,0	–	1,5
2000	37,0	42,8	9,8	7,1	1,1	0,0	–	–	1,1	–	–	–	0,0	–	1,1
2005	44,8	37,1	6,2	6,2	3,1	–	–	0,9	0,8	–	–	–	0,0	–	0,9
2010	34,6	34,5	6,7	12,1	5,6	0,0	–	0,7	0,3	1,4	–	–	0,1	1,6	2,4
2012	26,3	39,1	8,6	11,3	2,5	0,0	–	0,5	–	1,5	–	–	–	7,8	2,4

Ab 2010: Anteil der gültigen Zweitstimmen. In „Sonstige" enthaltene nennenswerte Einzelergebnisse (ab 0,5 %): 1950: Radikal-soziale Freiheitspartei 1,98 %; 1962: Deutsche Friedensunion 2,03 %; 1985: Friedensliste 0,65 %,; 1990: Ökologisch-Demokratische Partei 0,5 % (1995: 0,3 %); 1995: Die Grauen 0,70 %; 2010/2012: Die Tierschutzpartei 0,62 bzw. 0,75 %; 2010: Rentner-Partei 0,50 %.

Abkürzungen und Erläuterungen

CDU: Christlich Demokratische Union Deutschlands; SPD: Sozialdemokratische Partei Deutschlands; FDP: Freie Demokratische Partei; Grüne: Die Grünen (ab 1993: „Bündnis 90/Die Grünen"); PDS/Linke: Partei des Demokratischen Sozialismus, ab 2005: Die Linkspartei.PDS, 2007 mit der WASG (Arbeit & soziale Gerechtigkeit – Die Wahlalternative) verschmolzen zu „Die Linke" (Ergebnis für 2005: WASG 2,21 %, PDS 0,89 %); KPD/DKP: Kommunistische Partei Deutschlands, verboten 1956, Neugründung 1968 als Deutsche Kommunistische Partei; DRP: Deutsche Reichspartei; NPD: Nationaldemokratische Partei Deutschlands; REP: Die Republikaner; pro NRW: Bürgerbewegung pro NRW; GB/BHE: Gesamtdeutscher Block/Bund der Heimatvertriebenen und Entrechteten (1962: mit DP vereint als „Gesamtdeutsche Partei"); DP: Deutsche Partei; Zentrum: Deutsche Zentrumspartei; Piraten: Deutsche Piratenpartei.

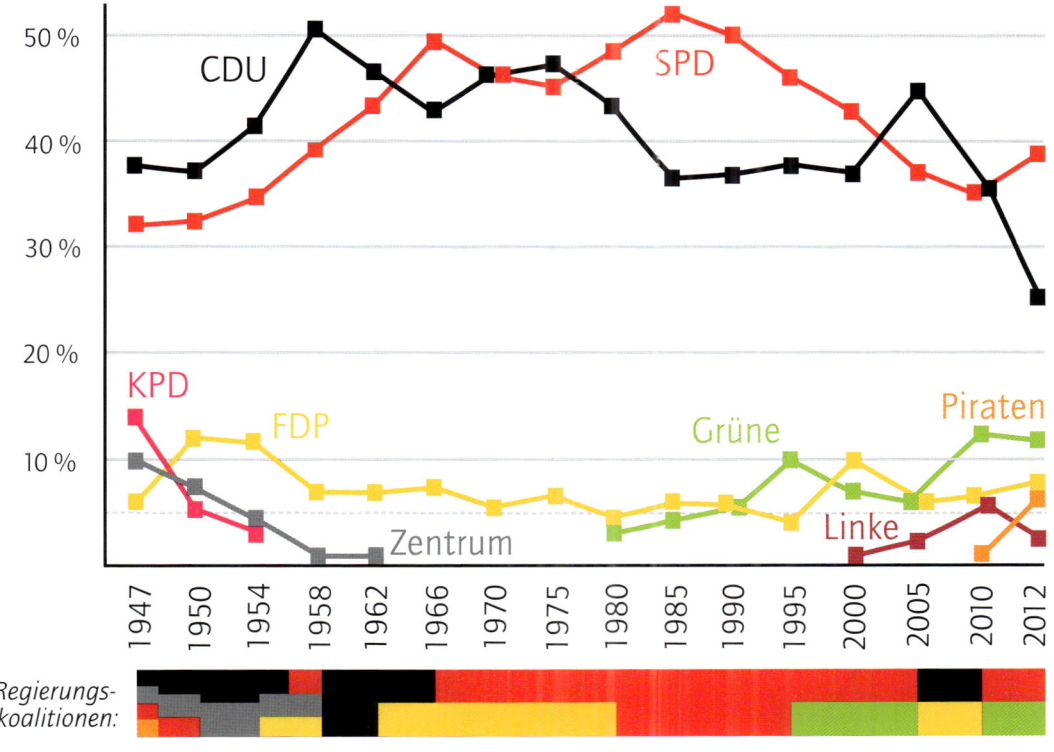

Regierungs-
koalitionen:

Ministerpräsidenten des Landes Nordrhein-Westfalen

1	Rudolf Amelunxen (1888–1969) (von den Briten ernannt)	30.08.1946	bis	19.04.1947	parteilos, ab 1947 Zentrum
2	Karl Arnold (1901–1958)	16.06.1947	bis	19.02.1956	CDU
3	Fritz Steinhoff (1897–1969)	20.02.1956	bis	20.07.1958	SPD
4	Franz Meyers (1908–2002)	21.07.1958	bis	07.12.1966	CDU
5	Heinz Kühn (1912–1992)	08.12.1966	bis	19.09.1978	SPD
6	Johannes Rau (1931–2006)	20.09.1978	bis	26.05.1998	SPD
7	Wolfgang Clement (* 1940)	27.05.1998	bis	20.10.2002	SPD
8	Peer Steinbrück (* 1947)	06.11.2002	bis	21.06.2005	SPD
9	Jürgen Rüttgers (* 1951)	21.06.2005	bis	14.07.2010	CDU
10	Hannelore Kraft (* 1961)	Seit dem 14.07.2010			SPD

Landespräsident Lippe

1	Heinrich Drake (1881–1970)	Mai 1945	bis	21.01.1947	parteilos

Von den Briten ernannter Landespräsident von Lippe und Schaumburg-Lippe, verhandelte den Anschluss von Lippe an Nordrhein-Westfalen und von Schuamburg-Lippe an Niedersachsen.

Die Kreise
und kreisfreien Städte
in Nordrhein-Westfalen

(Erläuterung zu den Seiten 98 und 111)

Niedersachsen

Niederlande

Steinfurt

Borken

Münster

Coesfeld

Warendorf

Kleve

Wesel

Recklinghausen

Unna

Hamm

Bottrop

Gladbeck

Herne

Oberhausen

Dortmund

Duisburg

Mülheim

Essen

Bochum

Krefeld

Ennepe-Ruhr-Kreis

Hagen

Viersen

Mettmann

Märkischer Kreis

Mönchengladbach

Düsseldorf

Wuppertal

Neuss

Solingen

Remscheid

Olpe

Leverkusen

Rheinisch Bergischer Kreis

Oberbergischer Kreis

Erftkreis

Köln

Aachen (Kr.)

Aachen

Düren

Rhein-Sieg-Kreis

Bonn

Belgien

Euskirchen

Rheinland-Pfalz

Minden

Herford

Biele-
feld

Lippe

Gütersloh

Paderborn

Höxter

Soest

Hoch-
sauer-
landkreis

Siegen-
Wittgen-
stein

Hessen

0   30 km

Weiterführende Literatur (Auswahl)

Anselm Faust (Red), Nordrehin-Westfalen. Landesgeschichte im Lexikon, Düsseldorf 1993.

NRW-Lexikon. Politik, Gesellschaft Wirtschaft, Recht, Kultur, 2. Aufl Oladen 2000.

Nordrhein-Westfalen. Wirtschaft, Gesellschaft, Politik im Schaubild. 2. Aufl. Berlin 2006.

Schriften zur politischen Landeskunde Nordrhein-Westfalens. Herausgegeben von der Landeszentrale für politische Bildung. *Erscheint seit 1984, bisher 16 Bände, darunter:*

– Band 6: Rolf Steininger, Ein neues Land an Rhein und Ruhr. Die Ruhrfrage 1945/46 und die Entstehung Nordrhein-Westfalens (1990).

– Band 10: Gerhard Brunn/Jürgen Reulecke: Kleine Geschichte von Nordrhein-Westfalen 1946-1996 (1996).

– Band 13: Ulrich von Alemann/Patrick Brandenburg: Nordrhein-Westfalen entdeckt sich neu (2000).

– Band 15: Dieter Grunow (Hg.), Verwaltung in Nordrhein-Westfalen (2003).

– Band 16: Stefan Goch (Hg.), Struturwandel und Strukturpolitik in Nordrhein-Westfalen (2004).

Konrad Adenauer, Erinnerungen 1945–1953, Stuttgart 1963.

Stefan Goch, Ralf Piorr (Hg.), Wo das Fußballherz schlägt. Fußball-Land Nordrhein-Westfalen, Essen 2006.

Bernd Haunfelder, Nordrhein-Westfalen. Land und Leute 1946–2006, Münster 2006.

Detlev Hüwel, Karl Arnold. Eine politische Biographie, Wuppertal 1980.

Dagmar Kift (Hg.), Aufbau West. Neubeginn zwischen Vertreibung und Wirtschaftswunder, Essen 2005.

Heinz Kühn, Aufbau und Bewährung. Die Jahre 1945–1978, Hamburg 1981.

Lutz Niethammer u. a. (Hg.), „Die Menschen machen ihre Geschichte nicht aus freien Stücken, aber sie machen sie selbst", Berlin/Bonn 1984.

Sigrid Schneider (Hg.), Als der Himmel blau wurde. Bilder aus den 60er Jahren, Essen 1998.

Frie, Ewald, Das Schokoladenproblem. Die Verfassung von Nordrhein-Westfalen jungen Menschen erzählt, Köln 2009.

Sven Gösmann (Hg.), Unsere Ministerpräsidenten in Nordrhein-Westfalen, Düsseldorf 2008.

Cornelia Eidmann. Martin Nusch, WDR 2 – 50 Dinge. Das muss ein Nordrhein-Westfale getan haben, Düsseldorf 2011.

Christoph Nonn, Kleine Migrationsgeschichte von Nordrhein-Westfalen, Köln 2011.

Jürgen Brautmeier u.a., Heimat Nordrhein-Westfalen. Identitäten und Regionalität im Wandel, Essen 2010.

Winfrid Halder, Michael Serrer (Hg.), Der weite Weg gen Westen. Ceflohen – vertrieben – angekommen an Rhein und Ruhr, Paderborn u. a. 2008.

www.geschichte.rrw.de

Daten zur Geschichte des Landes

8. Mai 1945	Kapitulation des Deutschen Reiches, Bildung der Besatzungszonen
21. Juni 1946	Die britische Regierung beschließt die Gründung des Landes Nordrhein-Westfalen
24. Juli 1946	Ernennung von Ministerpräsident Rudolf Amelunxen (bis 1947)
23. August 1946	Bildung des Landes NRW durch Verordnung
2. Oktober 1946	Eröffnung des ersten Landtags in Düsseldorf
31. Dez. 1946	Silvesterpredigt des Kölner Kardinals Joseph Frings
21. Januar 1947	Angliederung des Landes Lippe
Winter	Hungerdemonstrationen gegen die schlechte Versorgungslage
20. April 1947	Erste Landtagswahl
17. Juni 1947	Ministerpräsident Karl Arnold (bis 1956)
20. Juni 1948	Währungsreform in den Westzonen, Einführung der D-Mark
6. August 1948	Gesetz zur Sozialisierung der Kohlewirtschaft, von den Briten am 23. August abgelehnt
28. Feb. 1949	Erste Rosenmontagszüge nach dem Krieg
15. März 1949	Landtag im Düsseldorfer Ständehaus
28. April 1949	Unterzeichnung des Ruhstatuts
10. Mai 1949	Bonn wird Regierungssitz
23. Mai 1949	Grundgesetz für die Bundesrepublik Deutschland
22. Jan. 1950	Aufhebung der Lebensmittelrationierung
6. Juni 1950	Landtag beschließt die NRW-Verfassung
18. Juni 1950	Landtagswahl und Volksabstimmung über die Verfassung
10. April 1951	Betriebsrätegesetz
5. Februar 1952	Gesetz zum Abschluss der Entnazifizierung
23. Juli 1952	Europäische Gemeinschaft für Kohle und Stahl (Montanunion), Ende des Ruhstatuts
28. Juli 1952	Gemeindeordnung für NRW
10. März 1953	Gesetz über Landesflagge und Landeswappen
17. März 1953	Verfassungsgerichtshof in Münster
12. Mai 1953	Gesetz über die Landschaftsverbände
25. Mai 1954	Landtag beschließt Gründung des Westdeutschen Rundfunks (WDR)
27. Juni 1954	Landtagswahl
4. Juli 1954	WM-Endspiel in Bern: Helmut Rahn (Essen) ist der Schütze zum 3:2-Siegtreffer
1. Januar 1955	Millionste Wohnung des sozialen Wohnungsbaus übergeben
8. Januar 1955	Eröffnung der Volkshochschule in Marl
26. Juni 1955	Rot-Weiß Essen deutscher Fußballmeister
9. Okt. 1955	Wiederbeginn von Lotto
1. Januar 1956	Der WDR geht auf Sendung
20. Feb. 1956	Ministerpräsident Fritz Steinhoff (Konstruktives Misstrauensvotum, bis 1958)
1956	Erste italienische Gastarbeiter in NRW
1956	Höchststand der Kohleförderung
4. Okt. 1957	Erster sowjetischer Satellit „Sputnik" löst im Westen Schock aus
1. Januar 1958	Ruhrbistum Essen, Bischof Franz Hengsbach
6. Juli 1958	Landtagswahl
24. Juli 1958	Ministerpräsident Franz Meyers (bis 1966)
4. Februar 1959	Großdemonstration in Dortmund gegen die atomare Bewaffnung der Bundeswehr
1. Juli 1959	Heinrich Lübke Bundespräsident
26. Sept. 1959	60.000 Bergleute demonstrieren in Bonn
8. April 1960	Rückgabe eines Gebietes von 1.270 ha Land von den Niederlanden
30. Juni 1961	Erste türkische Bergleute treffen in NRW ein
18. Juli 1961	Landtag beschließt Gründung der Ruhr-Universität Bochum

13. Aug. 1961	DDR baut Mauer in Berlin
28. Sept. 1961	Kernforschungsanlage Jülich geht in Betrieb
30. April 1962	Immissionsschutzgesetz
8. Juli 1962	Landtagswahl
10. Okt. 1962	Eröffnung des Opel-Werkes in Bochum
19. April 1963	ZDF startet seine Sendungen mit Unterhaltungsprogramm aus Oberhausen
Sommer 1963	Beginn der Fußball-Bundesliga. Aus NRW dabei: 1. FC Köln, Meidericher SV, Borussia Dortmund, Schalke 04, Preußen Münster
10. Sept. 1964	Millionster Gastarbeiter in Köln empfangen
Sommer 1964	1. FC Köln erster Bundesliga-Meister
1. Nov. 1964	WDR sendet in türkischer Sprache
1965	Erstes Euregio-Projekt
5. Mai 1966	Borussia Dortmund erster deutscher Europacupsieger (Pokal der Pokalsieger)
25. Juni 1966	Auftritt der Beatles in Essen
10. Juli 1966	Landtagswahl
8. Dez. 1966	Ministerpräsident Heinz Kühn (Konstruktives Misstrauensvotum, bis 1978)
19. April 1967	Tod Konrad Adenauer
1967	Erstes Autokino in Porz bei Köln
5. März 1968	Landtag beschließt Schulreform (Auflösung der konfessionellen Volksschule, Bildung von Grund- und Hauptschulen)
April 1968	Nach Attentat auf Rudi Dutschke radikalisiert sich die Studentenbewegung in Deutschland
12. Dez. 1968	Eröffnung der Universität Dortmund
21. Juli 1969	Erste Mondlandung
1. Januar 1970	Ruhrkohle AG nimmt Arbeit auf
14. Juni 1970	Landtagswahl
Sommer 1970	Erste deutsche Meisterschaft für Borussia Mönchengladbach
3. Sept. 1970	Weltrekord für Heide Rosendahl im Weitsprung (6,84 m)
1971	„Sendung mit der Maus"
1. August 1971	Errichtung von 15 Fachhochschulen
16. Mai 1972	Landtag beschließt die Gründung der Gesamthochschulen
30. Mai 1972	Gesetz zur Errichtung von Gesamtschulen
12. Juli 1972	Regierungsbezirke Aachen und Köln werden zusammengelegt
November 1972	Literaturnobelpreis für Heinrich Böll
1 April 1973	Beschluss zum Bau des „Schnellen Brüters" in Kalkar
November 1973	Autofreie Sonntage wegen der „Ölkrise"
Juni/Juli	Fußball-WM in Deutschland, Spielorte in NRW sind Dortmund, Düsseldorf und Gelsenkirchen
26. Nov. 1974	Schlussgesetz zur kommunalen Neugliederung
4. Mai 1975	Landtagswahl
13. Nov. 1976	Konzert des DDR-Liedermachers Wolf Biermann in Köln
5. Sept. 1977	Höhepunkt des RAF-Terrorismus: Entführung des Arbeitgeberpräsidenten Hanns-Martin Schleyer in Köln, sein Fahrer und drei Begleiter werden dabei getötet. Schleyer wird am 18.Oktober ermordet
8. Nov. 1977	Gesetz über die Einführung der Kooperativen Schule, später durch Volksbegehren gestoppt
27. Sept. 1978	Affäre um die Westdeutsche Landesbank führt zum Rücktritt von Ministerpräsident Kühn. Nachfolger wird Johannes Rau (bis 1998)
4. Juli 1979	Zehnjährige Schulpflicht eingeführt
5. Nov. 1979	Nach der islamischen Revolution im Iran besetzen iranische Studenten den Kölner Dom
11. Mai 1980	Landtagswahl
15. Nov. 1980	Papst Johannes Paul II. in Köln
28. Juni 1981	Die Gesamtschule wird zur Regelschule
1981	Erster „Tatort"-Krimi mit Kommissar Schimanski
1982	In Hagen wird Italienisch erstmals als ordentliches Schulfach an einer Gesamtschule unterrichtet
1. Oktober 1982	Konstruktives Misstrauensvotum gegen Helmut Schmidt, Helmut Kohl (CDU) wird neuer Bundeskanzler

30. April 1983	Gründung der Privatuniversität Witten
30. Mai 1983	Hochwasser in Köln
20. Dez. 1983	Land beschließt Modellversuch zum Kabelfernsehen
1984	„4630 Bochum" von Herbert Grönemeyer, eines der erfolgreichsten Pop-Alben
17. Jan. 1985	Smog-Alarmstufe III im Ruhrgebiet
19. März 1985	Landtag verankert Umweltschutz in Landesverfassung
12. Mai 1985	Landtagswahl
26. April 1986	Unfall im Atomreaktor von Tschernobyl/Ukraine
1986	Lore Lorentz, Walter Dirks und Josef Pieper werden erste Träger des neuen NRW-Staatspreises
25. Jan. 1987	Johannes Rau verliert Bundestagswahl gegen Helmut Kohl und bleibt Ministerpräsident
10. Dez. 1987	Arbeitskampf um das Stahlwerk in Duisburg-Rheinhausen erreicht seinen Höhepunkt
27. Dez. 1987	Das Land NRW kauft 37.000 Wohnungen der „Neuen Heimat"
1. Januar 1988	Sendebeginn von RTL in Köln
12. Juni 1988	Karrierestart für Herbert Knebels „Affentheater"
2. Okt. 1988	Das neues Landtagsgebäude wird eröffnet
1989	Zahlreiche Übersiedler aus der DDR über Ungarn
31. Okt. 1989	Frauenförderungsgesetz beschlossen
9. Nov. 1989	Öffnung der Mauer in Berlin
13. Mai 1990	Landtagswahl
3. Okt. 1990	Deutsche Einheit (Beitritt der DDR zur Bundesrepublik)
10. Okt. 1990	Erstes Großkino in Hürth (Multiplex)
27. Nov. 1990	Partnerschaft zwischen NRW und Brandenburg
1. Februar 1991	Wegen des Krieges am Persischen Golf fallen die Rosenmontagszüge aus
21. Juni 1991	Entscheidung des Bundestages für den Umzug von Bundestag und Bundesregierung nach Berlin
13. April 1992	Um 3.20 Uhr Erdbeben der Stärke 5,9 (Richterskala) in der rheinischen Tiefebene
27. Juli 1992	Erste Bürgerkriegsflüchtlinge aus Jugoslawien treffen in NRW ein
25. Jan. 1993	Start des Fernsehsenders VOX
29. Mai 1993	Ausländerfeindlicher Anschlag auf Wohnhaus in Solingen, 5 Tote
30. Okt. 1993	Eröffnung des Schokoladenmuseums in Köln
Dez. 1993	Start des Musiksenders VIVA aus Köln
1. April 1995	Eins Live geht auf Sendung
14. Mai 1995	Landtagswahl
1995	Start des Studienganges Türkisch an der Uni Essen
April 1996	Aktion „Schulen ans Netz"
12. Sept. 1996	Eröffnung des CentrO Oberhausen
2. Okt. 1996	Offizielle Feier „50 Jahre NRW"
1996	Höhepunkt im Streit um den Braunkohlentagebau Garzweiler
April 1997	Fernsehsender Phönix sendet aus Köln
August 1998	Erste Popkomm Messe für Popmusik und Entertainement in Köln
27. Mai 1998	Ministerpräsident Wolfgang Clement (bis 2002)
1. August 1998	Rechtschreibreform in Deutschland
23. Mai 1999	Johannes Rau zum Bundespräsidenten gewählt

12. Sept. 1999	Erste Kommunalwahl nach neuer Gemeindeordnung
1999	Abschluss der Internationalen Bauausstellung Emscherpark
1. Jan. 2000	Das befürchtete Chaos zum Milleniumswechsel bleibt aus
14. Mai 2000	Landtagswahl
August 2001	Eröffnung der Arena „AufSchalke"
11. Sept. 2001	Terroranschlag auf das World-Trade-Center in New York
Dez. 2001	Ergebnisse der PISA-Studie werden bekannt
1. Jan. 2002	Einführung des Euro
21. März 2002	„Lit Cologne" Literaturfest in Köln
6. Nov. 2002	Ministerpräsident Peer Steinbrück (bis 2005)
5. Juni 2003	Jürgen Möllemann, Vorsitzender der NRW-FDP, kommt bei einem Fallschirmsprung ums Leben
21. Juli 2004	Museum für Rock- und Popgeschichte in Gronau eröffnet
22. Mai 2005	Landtagswahl
22. Juni 2005	Ministerpräsident Jürgen Rüttgers (bis 2010)
August 2005	Weltjugendtag in Köln mit Papst Benedikt XVI.
2005	BAP feiert 30. Geburtstag
2005/06	Erster Jahrgang mit verkürzter Schulzeit am Gymnasium (G 8)
Juni/Juli 2006	Fußball-WM in Deutschland, Spielorte in NRW: Dortmund, Gelsenkirchen, Köln
August 2006	Landesjubiläum: 60 Jahre Nordrhein-Westfalen
18./19. Januar 2007	Der Orkan Kyrill richtet vor allem im Sauer- und Siegerland verheerende Waldschäden an
Februar 2007	Vereinbarung des „Kohlekompromisses": Einstellung der Förderung bis 2018
30. Juni 2008	Schließung des Nokiawerkes in Bochum trotz hoher Gewinne des Unternehmens
3. März 2009	Einsturz des Kölner Stadtarchivs
1. Januar 2010	Das Ruhrgebiet wird für ein Jahr Kulturhauptstadt Europas
24. Juli 2010	Bei der Loveparade in Duisburg kommt es zu 21 Toten und über 500 Verletzten

9. Mai 2010	Landtagswahl; erste Minderheitsregierung in der Landesgeschichte (SPD/Grüne, Ministerpräsidentin Hannelore Kraft)
4. Sept. 2010	Konzert der Kölner Gruppe Black Fööss zum 40jährigen Jubiläum der Band
9. Juli 2011	SPD, CDU und Grüne vereinbaren den Schulkonsens
13. Mai 2012	Vorgezogene Landtagswahl nach Landtagsauflösung, Bestätigung der Landesregierung aus SPD und Grünen unter Ministerpräsidentin Hannelore Kraft
30. Juni 2012	Zerschlagung der Westdeutschen Landesbank (WestLB)
12. Febr. 2012	Ein Bürgersentscheid in Duisburg führt zur Abwahl des Oberbürgermeisters Adolf Sauerland wegen seines Verhaltens im Zusammenhang mit dem Loveparadeunglück im Jahr 2010
Mai 2012	Borussia Dortmund holt das Double; erstmals seit 1978 (1. FC Köln) wird eine NRW-Mannschaft Meister und Pokalsieger
August 2012	Olympische Spiele in London mit Goldmedaillen für Sportler aus NRW, u.a. Ingrid Klimke (Vielseitigkeitsreiten mit der Mannschaft), Julius Brink und Jonas Reckermann (Beach-Volleyball)

Abbildungsnachweis

Aschendorff Verlag GmbH & Co. KG: 6, 7, 11u, 15u, 24r, 28, 29u, 30o, 30u, 31, 32, 39u, 45o, 46, 47u, 48, 51u, 52, 54u, 55u, 56u, 57u, 58, 59o, 60u, 61o, 63u, 65u, 71u, 74, 75m, 75u, 76o, 81o, 81u, 83u, 85u, 86, 87o, 87u, 88o, 88m, 88u, 92o, 93u, 99u, 100u, 105o, 105u, 110o, 110u, 111u, 112o, 112u, 113, 116u, 118o, 118u, 119, 122u, 124u, 133u; akg images, Berlin: 27o, 39o, 43, 47o; Bilderdienst Süddeutscher Verlag: 9m, 61u, 62u, 63o, 70o, 70u, 88u, 96, 98, 99o, 100o, 114, 116o, 122m; Stadtbildstelle Essen: 9o, 26; Peter Kleu/Fotoarchiv Ruhrlandmuseum Essen: 54o; Anton Tripp/Fotoarchiv Ruhrlandmuseum Essen: 62o, 67, 68u, 79, 80; Rudolf Holtappel/Fotoarchiv Ruhrlandmuseum Essen: 66; Ludwig Windstosser/Fotoarchiv Ruhrlandmuseum Essen: 102; Willy van Heekern/Fotoarchiv Ruhrlandmuseum: 104; Willi Hänscheid/Stadtmuseum Münster: 59u, 60o, 64, 65o, 65u (entnommen aus: B. Haunfelder/A: Schollmeier, Die fetten Jahre, Münster 2004); Stadtarchiv Lippstadt: 44; Stadtarchiv Dortmund: 42; Städtisches Museum Gelsenkirchen: 56o; Rheinisches Industriemuseum, Oberhausen: 68o; Bildarchiv der Stadt Herne: 57o; Hauptstaatsarchiv Düsseldorf: 8u, 14, 16u, 24l; Landtag NRW, Düsseldorf: Titel, 29o, Landtag NRW, Bildarchiv/C. A. Stachelscheid: 15o; Landespresseamt NRW, Düsseldorf: 117u, 123u, 124o, 125u, 126u, 128o; Bundesrat, Berlin: 34, 35; Ruhr-Universität Bochum: 76u, 77m; Stadt Gelsenkirchen/FC Schalke 04: 83o; Stadtmarketing Bielefeld: 108; Stadt Bonn: 117o; Bezirksregierung Arnsberg: 134; Bezirksregierung Köln: 109o; Regionalverband Ruhrgebiet, Essen: Rückseite; EUREGIO, Gronau: 119o; Heinz Nixdorf MuseumForum, Paderborn: 93m; Montanhistorisches Dokumentationszentrum, Bergbau-Archiv, Bochum: 36, 37u; Westfälisches Wirtschaftsarchiv, Dortmund: 41o, 41ml, 41mr; Ruhrgebiet Tourismus GmbH, Essen: 95; Henkel KG, Konzernarchiv, Düsseldorf: 17o, 40; Deutsche Steinkohle AG AG: 37o, 82o, 82u; Archiv Poggenpohl Möbelwerke GmbH, Herford: 55o; Kernwasser Wunderland Freizeitpark GmbH: 71o; FIMCAP International: 103; Deutsche Beamtenvorsorge Immobilienholding AG, München: 94o; Architektenkammer Nordrhein-Westfalen, Düsseldorf: vordere Einbandklappe; Konrad-Adenauer-Stiftung, St. Augustin: 10; Monatsblätter NRW 2/1948: 13; Neue Rhein-Zeitung: 19; Neue Ruhr-Zeitung: 84; Frankfurter Allgemeine Zeitung: 50; Kiepenheuer & Witsch, Köln: 20; ZDF/Wilde: 69u; ARD: 41u; Brainpool TV GmbH, Köln: 77u; VIVA (MTV networks GmbH & Co. KG), Berlin: 106; Dr. Burkhard Beyer, Münster: 11o, 33m, 38, 49, 69o, 72, 73, 90, 91, 92u, 101, 107, 109u, 121u, 122o, 129, hintere Einbandklappe; Jürgen Becker, Köln: 21; Rüdiger Hofmann, Köln: 21; Udo Lindenberg, Hamburg: 9u; Jürgen von der Lippe, Berlin: 17u; Uwe Lyko, Essen: 45u; Ludger Stratmann, Essen: 27u; Promoteam Schmidt & Rauch, Darmstadt: 53; Iris Berben/Nicole Freund: 33; Die Grünen Gevelsberg: 128; Die Linke, Kreisverband Soest: 125u; www.newsol.de: 132; aow. blogspot.de: 131u; panoramio.com: 125o; wikipedia.de: 94u, 78, 127, 142, 143, 130o, 130u, 135o, 135u.